L'HERMITE DE LA GUIANE,

OU

OBSERVATIONS

SUR LES MŒURS ET LES USAGES FRANÇAIS AU COMMENCEMENT DU XIXe SIÈCLE.

PAR M. DE JOUY,

MEMBRE DE L'ACADÉMIE FRANÇAISE.

TROISIÈME ÉDITION, ORNÉE DE DEUX GRAVURES.

Chaque âge a ses plaisirs, son esprit et ses mœurs.

BOIL., *Art Poét.*

TOME PREMIER.

A PARIS,

CHEZ PILLET, IMPRIMEUR-LIBRAIRE,

ÉDIT. DE LA COLL. DES MŒURS FRANÇAISES,

RUE CHRISTINE, N° 5.

1816.

MŒURS FRANÇAISES.

L'HERMITE DE LA GUIANE,

SUITE DE

L'HERMITE DE LA CHAUSSÉE-D'ANTIN,

ET DU FRANC-PARLEUR.

DE L'IMPRIMERIE DE PILLET.

AVANT-PROPOS

DE L'AUTEUR.

Ce premier volume de l'*Hermite de la Guiane* est le huitième d'un Recueil d'Observations où je me suis proposé de peindre les mœurs des Français, à l'époque de leur histoire où cette tâche était, sans contredit, la plus difficile à remplir. Un écrivain n'a pas moins de peine à saisir la physionomie d'un peuple violemment agité, qu'un peintre à fixer les traits d'un individu toujours en mouvement : l'immobilité du modèle est pour l'ordinaire une des conditions de la ressemblance du portrait.

Privé de cet avantage, il m'est néanmoins permis de croire que je n'ai point échoué dans mon entreprise : le succès que ce nouveau *Tableau de Paris* obtient en France; les traductions qui en ont été faites en anglais,* en allemand et en italien; les imitations qu'il a fait naître, m'autorisent à penser que ce Recueil, à défaut d'autre mérite, en a dû moins un qui lui est propre, et que je crois pouvoir indiquer moi-même: celui de l'intérêt qui résulte, en tout pays, d'un livre dont l'auteur, toujours de bonne foi avec ses lecteurs et avec lui-même, ne cherche que la vérité utile, ne parle que de ce qu'il voit, et ne dit que ce qu'il pense; dont l'auteur, ami sincère des lois et du gouvernement de son pays, respecte le pouvoir sans le flatter, gourmande les vices sans attaquer les individus, et se moque des sots sans les craindre (acte de courage dont il est permis de se vanter quand on est, comme moi, bien convaincu que *sottise* et *méchanceté* sont rigoureusement synonymes).

* J'ai traduit moi-même en anglais ce premier volume de *l'Hermite de la Guiane*, et je me propose de le publier incessamment.

Peut-être aura-t-on peine à croire qu'un ouvrage sur les mœurs nationales, où la satire personnelle n'a jamais trouvé d'accès, où la critique et l'éloge même ne se montrent que sous des traits généraux, où je puis affirmer que l'esprit de parti ne m'a jamais dicté une seule phrase; peut-être, dis-je, aura-t-on peine à croire qu'un pareil ouvrage ait pu me faire des ennemis, même de l'espèce de ceux que je me vantais tout-à-l'heure de ne pas craindre! Rien n'est plus vrai cependant; et je remarque comme un trait caractéristique de l'époque où nous vivons, l'impudente naïveté avec laquelle des libellistes, rebut de la littérature et de la société, des dénonciateurs à gages dont l'espèce se multiplie si honteusement, confessent eux-mêmes leur turpitude, en poussant contre moi des cris de fureur chaque fois qu'il m'arrive d'exposer un vice ou de signaler une bassesse. Sans avoir d'aussi bonnes raisons que La Bruyère pour me consoler d'une semblable injustice, j'ai du moins la certitude qu'elle ne saurait m'atteindre dans l'esprit des honnêtes gens et des véritables hommes de lettres, dont le jugement finit toujours par former l'opinion publique.

Je n'ai rien à dire sur ce premier volume de *l'Hermite de la Guiane,* sinon que j'ai cherché à le rendre digne des honorables suffrages que les précédens ont obtenus : l'exécution typographique, qui a déjà mérité de justes éloges à l'éditeur de cette collection, a été plus particulièrement soignée dans ce nouveau volume, orné de deux gravures, où, de l'avis des connaisseurs, la finesse du dessin, la vérité de l'expression, l'esprit et la grâce des détails, ne sauraient être portés plus loin dans un genre dont M. Desenne peut être regardé comme l'inventeur.

N. B. Le deuxième volume de *l'Hermite de la Guiane* paraîtra le 1er juillet 1816.

L'HERMITE

DE

LA GUIANE.

N° 1er. — 16 *juillet* 1815.

ARRIVÉE DE L'HERMITE DE LA GUIANE.

—

A MONSIEUR L'ÉDITEUR DE L'HERMITE DE LA CHAUSSÉE-D'ANTIN ET DU FRANC-PARLEUR.

MONSIEUR, j'avais accepté, dans votre galerie des Mœurs Françaises, une tâche que j'ai remplie le moins mal qu'il m'a été possible; je n'ai plus les moyens, et je ne me sens plus le courage de la continuer. Quel tems, en effet, pour observer et pour peindre nos mœurs! La nation française n'a plus de physionomie; les convulsions de la souffrance ont si profondément altéré ses traits, si complètement dénaturé son caractère, qu'elle est devenue tout-à-fait méconnaissable. D'ailleurs je ne connais, tout Franc-Parleur que je suis, ni vérités bonnes à dire, ni vérités bonnes à entendre, au milieu de cinq ou six cent mille baïonnettes étrangères qui peuvent si facilement nous couper la parole. Je résigne donc, avec votre consentement, mes fonctions d'observateur entre les mains d'un homme que le hasard vous envoie, et qui semble qualifié tout exprès pour un pareil emploi, dans les circonstances où nous nous trouvons.

Le corps politique est dangereusement malade; la faculté des journalistes, appelée à son aide, aggrave encore le mal : dans cette consultation de charlatans, les uns n'ont pour but que de se faire payer leurs visites; les autres, qui s'entendent avec les héritiers du mourant, se hâtent de ruiner, par des remèdes violens, sa faible constitution. Je suis du nombre de ceux qui ne comptent plus que sur une de ces crises salutaires que la nature amène quelquefois contre toute espérance et toute probabilité. Je la désire trop pour ne pas craindre de la contrarier par des efforts dont je ne pourrais garantir que l'intention.

L'heure de la retraite a sonné pour moi; si j'étais forcé de rendre compte du parti que je prends, je me contenterais de citer un vers célèbre du *Caton* d'Addison, dont la pensée affaiblie est : qu'il y a telle circonstance *où le poste de l'honneur est dans la vie la plus obscure.*

Agréez, je vous prie, etc.

GUILLAUME LE FRANC-PARLEUR.

(La lettre suivante, que Mme de L*** a écrite à M. Guillaume, et dont celui-ci veut bien nous permettre de faire usage, servira d'introduction, auprès de nos lecteurs, au singulier personnage qui remplira désormais, dans ce Recueil, la place que la retraite du Franc-Parleur y laisse vacante.)

*Lettre de madame de L*** à M. Guillaume de Montliver.*

Paris, 4 juillet 1815.

MONSIEUR, deux ans à peine écoulés depuis la perte que nous avons faite de notre vieil ami, *l'Hermite de la Chaussée-d'Antin*, ne l'ont point banni de votre mémoire, et sans doute vous partagerez le plaisir que m'a procuré la singulière visite que je viens de recevoir. Vous vous rappelez sans doute qu'à la mort du bon Hermite je vous fis passer, entre autres papiers, une lettre qu'il adressait à un certain chevalier de Pageville, son ami d'enfance, dont il a raconté les étranges aventures dans un de ses derniers Discours. * Je ne m'attendais pas, et sans doute vous ne vous attendiez pas plus que moi à faire avec ce vieux sauvage une plus ample connaissance.

Je commence à me familiariser avec le tumulte; cependant il y a quelques jours qu'une grande rumeur dans le quartier que j'habite me causa une assez vive inquiétude : je me mis à l'une des croisées de ma chambre qui donne sur la cour, et je vis le portier de l'hôtel aux prises avec un jeune homme de couleur qui voulait à toute force faire ouvrir la grande porte pour faire entrer une espèce de *calecine* andaloux, dont la structure bizarre, moins encore que les voyageurs qu'elle contenait, avait amassé dans

* *Voyez* le 4e volume de *l'Hermite de la Chaussée-d'Antin*, no. CI, p. 335.

la rue un grand nombre de curieux. J'envoyai un domestique s'informer de la cause de cet attroupement; il revint en riant m'annoncer que « c'était un très-vieux monsieur qui venait tout exprès du fond de l'Amérique pour rendre ses devoirs à Madame. » Pendant ce récit, auquel je ne comprenais rien, la voiture entrait dans la cour : j'en vis descendre un grand vieillard, accoutré de la manière du monde la plus grotesque; il était soutenu d'un côté par une grosse mulâtresse d'assez bonne mine, et de l'autre par un laquais au teint couleur de cuivre. Ces trois personnages hétéroclites étaient déjà dans le salon lorsque j'y entrai. Le vieillard, dont la figure très-distinguée tirait une expression toute particulière du bonnet arménien dont sa tête était couverte, m'aborda de très-bonne grâce, et me parla à-peu-près en ces termes :

« Nous nous connaissons beaucoup, Madame, sans nous être jamais vus, sans jamais avoir eu ensemble le moindre rapport direct : nous avons tous deux aimé beaucoup la même personne; vous voyez bien que nous ne pouvons être étrangers l'un à l'autre; je suis le chevalier de Pageville. (A ce nom, qui me rappelait de si tendres souvenirs, je ne fus pas la maîtresse de cacher l'émotion qui s'empara de moi; le bon vieillard, qui la partageait, me prit la main, s'assit près de moi, et continua :) J'ai reçu, par vos soins, la dernière lettre de notre ami, dans un moment où les malheurs que je venais d'éprouver me forçaient à quitter une terre d'exil où mes affections et mes longues habitudes m'avaient fait trouver une patrie; je reviens mourir aux lieux où j'ai pris naissance; vous pouvez penser, Madame, qu'un concours d'événemens bien funestes a pu seul décider un vieillard octogénaire à entreprendre un voyage de plus de deux mille lieues pour rentrer dans un pays qui lui est plus étranger que les déserts de l'Amérique méridionale, où il a passé la plus grande moitié de sa vie. Quoi qu'il en soit, me voilà à Paris; et certes vous n'êtes pas plus étonnée de m'y voir, que je ne le suis moi-même de m'y trouver. »

Cela dit, et sans attendre ma réponse, notre homme donna quelques ordres à son valet dans un langage dont il me serait impossible d'imiter une seule articulation, et dans un moment le salon fut rempli du bagage de l'Hermite, qui se composait de plusieurs caisses recouvertes par des nattes de différentes couleurs, d'une perruche, d'un haras, et du plus grand singe que j'aie encore vu.

Pendant que l'on déchargeait sa cariole, le chevalier sauvage s'était assoupi dans un fauteuil. Avant de songer à lire un écrit qu'il venait de me remettre, je m'amusai à examiner le plaisant personnage qui venait établir chez moi son domicile : le grand bonnet de peau d'agouti qui couvrait sa figure ne laissait entrevoir que deux yeux très-vifs, un nez dans le genre de celui du confesseur d'Atala, et deux lèvres minces, où s'arrêtait habituellement l'expression de l'ironie et de la malice. Des guêtres de buffle, le dessus d'un surtout de velours garni d'hermine, qui cachait en grande partie une soubreveste en drap, laquelle se rattachait au-dessous des reins par une ceinture de poil de chèvre; une grande canne de bambou, et le tuyau flexible d'une pipe qui faisait deux ou trois fois le tour de son corps, et lui servait d'écharpe : tel était le costume demi-français, demi-sauvage, que le vieux chevalier avait adopté, disait-il, en rentrant en France, pour se conformer à nos usages. Un des coffres que l'on ouvrit en ma présence renfermait des nattes de mousse de cyprès, des couvertures en peau de léopard, des ornemens en plumes, artistement travaillés, des casse-têtes, des javelots armés de dents de requin, des parures d'ambre et de corail, et quelques livres manuscrits, composés de feuillets de tuya, recouverts d'écorce de sapin.

Les premiers momens donnés à la curiosité, j'ouvris le papier que je tenais à la main, et dont je n'eus pas de peine à reconnaître les caractères. En voici la copie littérale :

« J'apprends vos chagrins, mon ami, et c'est » le dernier que j'éprouve. Au moment où cette » lettre vous parviendra j'aurai résolu le grand » problème du père Mallebranche. Vous avez » perdu le seul bien qui vous attachait au Nou- » veau-Monde; revenez mourir dans le nôtre. » S'il vous reste encore quelque chose de ce ca- » ractère original, aventureux, dont vous avez » donné tant de preuves dans votre vie; de cet » esprit observateur et satirique qui vous a valu » de si honorables persécutions, venez offrir à » nos Parisiens le spectacle nouveau d'un » homme écrivant sur les mœurs, sur les » hommes et sur les choses de son tems, avec

» toute l'âpreté d'un sauvage, toute l'impartia-
» lité d'un étranger et tout le désintéressement
» d'un vieillard; venez peindre nos ridicules,
» nos sottises, nos vices, avec cette ironie
» amère, avec cette indignation *juvénalique* qui
» vous ont si bien inspiré dans votre jeunesse;
» apportez dans la capitale de la nation la plus
» policée et la plus corrompue de la terre l'in-
» dépendance d'un habitant des forêts, et le
» fruit de trente ans de solitude et de médi-
» tations. Seul au monde, où vous ne me trou-
» verez plus; jeté au milieu de Paris, sans liai-
» sons, sans affections, sans préjugés, sans
» coteries, et presque sans espérance, vous
» vous y trouverez dans cette unique situation
» où l'on peut tout juger, tout prévoir et tout
» dire : si vous ne pouvez rien ajouter aux pro-
» grès de nos lumières, vous pouvez nous ap-
» porter des bords de l'Orénoque l'exemple de
» quelques vertus qu'on ne connaît plus sur les
» bords de la Seine; faites sur-tout provision
» de loyauté, de désintéressement et de patrio-
» tisme, car ces denrées ne croissent plus sur
» notre sol.

» Arrivez, mon vieux camarade; venez pren-

» dre ici ma plume et ma place : je me suis » contenté de gourmander nos travers, de rire » de nos ridicules. Vous fronderez nos mœurs, » vous attaquerez nos vices; vous avez le bras » bon : frappez fort, vous frapperez toujours juste.

» Inconnu dans Paris, je veux vous y épar- » gner l'ennui d'un isolement absolu : je vous » offre l'amitié de Mme de L***; c'est un bien » inappréciable dont j'ai joui quarante ans : je » vous lègue ce que j'ai de plus précieux; elle » vous recevra chez elle ; vous habiterez le » petit pavillon au bout du parc de Saint- » M***; vous y serez presqu'aussi solitaire » que dans vos forêts : vous viendrez à Paris » une fois par semaine faire une récolte d'ob- » servations qui trouveront leur place dans le » journal où j'ai consigné les miennes dans les » dernières années de ma vie.

» Adieu, mon compagnon de voyage ; je » touche au bout de ma carrière; j'ai sur vous » l'avance de quelques pas, et c'est un avan- » tage dont je me prévaux pour vous signifier » les volontés d'un mourant et le dernier vœu » de votre ancien ami. »

L'HERMITE DE LA CHAUSSÉE-D'ANTIN.

L'émotion que me causa la lecture de cette lettre n'échappa pas au vieux solitaire, qui s'était réveillé sur ces entrefaites. « Vous savez tout, me dit-il : il n'y a plus moyen de s'en dédire, Madame; j'ai fait deux mille lieues pour vous rendre ma visite; et, tout vieux que je suis, elle peut être longue; arrangez-vous là-dessus. Depuis que je vis, et je date de bien loin, je me suis promis de ne rien faire comme les autres: sottise pour sottise, j'ai du moins voulu me ménager le mérite ou l'excuse de l'invention.

» Après avoir cherché dans ma jeunesse à résoudre le problème du bonheur dans la civilisation, j'ai vu que je mourrais à la peine : je me suis assuré qu'il n'y avait dans le monde policé que deux classes d'hommes, les oppresseurs et les opprimés; désespérant de faire partie de la première, et bien décidé à ne pas me ranger dans l'autre, je me suis fait sauvage, de dépit de ne pouvoir être roi; j'ai maintenant de bonnes raisons pour croire que j'aurais quitté mon trône pour ma hutte. Aujourd'hui que l'un ou l'autre m'est égal, que je ne fais plus de différence entre le repos et la liberté, je reviens sans crainte au milieu de mes compatriotes; je me tiens déjà pour mort, et il n'y a pas de prise sur une ombre. »

Dès le lendemain de son arrivée, je conduisis *l'Hermite de la Guiane* à ma terre de***, au milieu de la forêt de Senart, et je l'installai dans le pavillon avec sa suite : il en fit enlever tous les meubles, remplaça les lits par des nattes, sur lesquelles il étendit des peaux d'ours, et ne conserva qu'une table, un grand fauteuil et deux tabourets. J'ai fait mettre à sa disposition une vache, deux chèvres, du riz, des pommes-de-terre, quelques bouteilles de rhum, du tabac, et une centaine de volumes de son choix. Son valet, Caraïbe, qui se nomme Zaméo, m'a demandé un fusil dont il se sert avec beaucoup d'adresse, et la gouvernante Ottaly s'est mise à la tête de ce singulier ménage.

J'ai été huit jours sans entendre parler du vieux solitaire; mais Zaméo est venu me prévenir ce matin que son maître devait venir dîner demain avec moi, et désirait que vous fussiez des nôtres : n'y manquez pas; c'est un homme bon à voir; vous jugerez mieux que moi s'il est bon à entendre. R. D. L.

N° II. — 24 *juillet* 1815.

MON RETOUR EN FRANCE.

.... *Dicenda tacendaque calles.*

PERS., sat. 4.

Sauras-tu dire ce qu'il faut dire, et taire ce qu'il faut taire?

Ai-je encore une patrie? Cette question que je me fais, et que tous les Français peuvent s'adresser aujourd'hui, me semble résolue négativement du moment qu'elle est posée. Il m'est pénible d'en convenir; mais j'ai revu froidement ces côtes de France que je quittai il y a quarante ans avec tant d'émotion : j'ai foulé la terre natale sans autre plaisir que celui de me trouver au terme d'un long voyage; et, comme un amant qui ne retrouve plus dans son cœur l'image d'un objet long-tems adoré, je me suis rappelé ses défauts pour excuser mon inconstance.

Le capitaine du brick qui m'a ramené dans ce pays était Français; nous avons plus d'une fois agité cette question pendant la traversée : il me parlait sans cesse de son amour pour la patrie, des sacrifices qu'il lui avait faits, de ceux qu'il était prêt à lui faire encore : je lui communiquais mes réflexions; il me traitait de sauvage, me reprochait ma coupable indifférence, et je n'étais pas éloigné de croire que l'âge et l'absence avaient éteint dans mon cœur une vertu qui ne peut jamais être qu'une passion.

En arrivant, nous apprenons que la France, en proie aux factions, est menacée de déchiremens affreux : notre capitaine court d'abord s'informer au nom de qui ses appointemens doivent lui être payés : Bonaparte régnait encore : le capitaine avait touché un à-compte sur ce qui lui était dû; nous le voyons revenir à bord avec une cocarde aux trois couleurs dont il orne la figure de poupe du bâtiment qu'il commande, aux cris répétés par tout l'équipage de *vive l'Empire! vive la patrie!* Trois jours après, la veille de notre débarquement, nous apprenons l'arrivée de Louis XVIII à Paris : on paie au capitaine le reste de ses appointemens au nom du Roi; dès-lors la patrie est pour lui le royaume des Bourbons; le pavillon tricolore est brûlé par ses ordres, et celui des lis flotte aux trois mâts de son vaisseau. Je me permis d'opposer à ses raisonnemens et à sa conduite du jour, ses raisonnemens et sa conduite de la veille : il me démontra qu'il était du moins conséquent à ses intérêts. Zaméo, qui nous écoutait, l'assura que, dans son pays, un homme qui se conduisait ainsi était coupé en deux, et qu'on envoyait une moitié de son corps à chacun des deux partis qu'il avait servis avec tant de loyauté. Tout le monde se récria contre cette coutume barbare, et nous débarquâmes enfin chez un peuple civilisé.

Nous remontâmes la Gironde, et nous prîmes terre à Bordeaux, sur le beau quai du Chapeau-Rouge. Ottaly et Zaméo portaient mon bagage, et je marchais au milieu d'une foule inconnue qui nous poursuivit jusqu'à la porte de notre auberge par des éclats de rire, sur l'intention desquels je n'étais pas homme à me méprendre. Comme nous entrions dans les allées de Tourny, un homme décemment vêtu nous débarrassa de notre importun cortége, et se confondit en offres de services, en nous invitant à le suivre. « Maître, me dit tout bas Zaméo, voilà un homme qui me donne bonne idée des

Français : il est presque aussi complaisant qu'un Zangaïs. Mon grand-père m'a raconté que, lorsque vous arrivâtes pour la première fois dans notre tribu, c'était à qui vous recevrait chez lui; ce Français-là serait-il né sur les bords de l'Orénoque? — Mon ami, lui répondis-je, cet homme est un aubergiste; les politesses qu'il nous fait sont une spéculation qu'il commence, et un droit qu'il acquiert de nous faire payer plus chèrement l'hospitalité qu'il nous offre : c'est un des avantages de la civilisation. »

Nous entrâmes à l'auberge; je demandai une grande salle pour nous trois. L'hôte me fit observer que nous étions à l'hôtel Richelieu, où l'on ne louait pas une chambre, mais un appartement. J'eus beau lui dire que nous avions nos habitudes, et que nous n'occupions jamais qu'une seule pièce, il m'objecta fort sensément que j'étais le maître de n'occuper qu'une chambre, pourvu que je consentisse à en payer quatre ou cinq. Il fallut en passer par-là.

Je ne sais par quel retour de vanité je m'avisai de répondre, lorsqu'on vint me demander mon nom pour l'inscrire sur le registre de la police, que je m'appelais le chevalier de Pageville. (J'aurais pu sans inconvénient garder mon nom de PAUL, le seul que j'aie porté pendant quarante ans.) Zaméo, qui ne m'avait jamais entendu nommer ainsi, ouvrit de grands yeux. Je crus lui donner uue explication suffisante en lui disant que par ce moyen nous serions traités avec plus de considération. Il se prit à rire aux éclats, en appuyant ses mains sur ses genoux, ne concevant pas qu'un nom pût ajouter quelque chose au mérite personnel. « Encore un effet de la civilisation! s'écria-t-il; je n'oublierai pas celui-là. »

Tout ce qui nous entourait excitait presque en même tems la surprise et la critique de mon jeune Caraïbe, chez lequel je m'étais plu à développer de bonne heure des dispositions naturelles, assez rares dans les hommes de son espèce et même de la nôtre. Bordeaux était la première ville qu'il eût encore vue; aussi ne se lassait-il pas de la parcourir. La couleur de son teint, son costume, non moins étrange que ses manières, attiraient sur lui plus de curiosité que de considération; il s'en aperçut, et n'eut pas à se louer du moyen qu'il employa pour obtenir ce dernier sentiment.

Le lendemain de notre arrivée, Zaméo se promenait au Chartron, suivi d'une foule de curieux qui l'importunaient. Pour se dérober à leurs regards, il entre dans un café. Un garçon très-prévenant lui demande ce qu'il désire; mon sauvage, qui n'entend jamais que ce qu'on lui dit, et ne répond qu'à la question qu'on lui fait, témoigne son goût particulier pour le rhum, et ne se fait pas prier pour en sabler quelques verres. Il se repose quelques instans, salue très-gracieusement la maîtresse de la maison, et se met en devoir de sortir. Le garçon l'arrête et lui demande le paiement de ce qu'il a pris; Zaméo répond qu'il n'a pris que ce qu'on lui a offert, et que dans son pays on ne fait point payer au voyageur la liqueur de coco qu'on lui présente pour se désaltérer. Le garçon se fâche et lui demande insolemment son nom. Zaméo, pour se donner cette espèce de considération dont il croit avoir besoin dans un pareil moment, se rappelle les mots dont je m'étais servi avec l'aubergiste, et déclare qu'il se nomme *le chevalier de Pageville*. Tous les assistans se mettent à rire. Le garçon, d'autant plus brave qu'il a affaire à un homme imberbe, * prend

* Les Caraïbes n'ont point de barbe.

le chevalier caraïbe à la gorge, en l'appelant fripon : celui-ci réplique par un vigoureux coup de poing, et renverse le garçon sur un Anglais et un Allemand qui prenaient du thé dans un coin. En un moment le tumulte est à son comble : tout le café se lève en masse contre l'enfant des forêts, qui, retranché derrière le comptoir, un tabouret dans chaque main, fait la plus belle et la plus noble résistance. Mais comme il est écrit, et, qui plus est, prouvé, qu'il n'y a ni valeur, ni raison, ni justice qui ne doive céder au nombre, après une demi-heure du combat le plus inégal, où il distribua maint horion qu'on lui rendit avec usure, force lui fut de capituler et de mettre bas les armes. On le reconduisit à l'hôtel, et je le vis arriver au milieu de ses vainqueurs qu'il menaçait encore de la voix et du geste. Je voulus connaître les détails de cette aventure : « Maître, me dit-il, c'est encore un effet de la civilisation : j'avais soif, ces gens-là m'ont donné à boire ; ils ont voulu me faire payer le service qu'ils m'avaient offert; je n'avais point d'argent ; j'ai cru me tirer d'affaire avec de la considération, j'ai dit que je m'appelais le chevalier de Pageville. L'un d'eux m'a répondu que j'étais un fripon, je l'ai rossé; ils se sont tous jetés sur moi, et parce qu'ils m'ont assommé, ils prétendent m'avoir vaincu. Dans mon pays, les querelles se vident corps à corps : on serait ce qu'on appelle ici déshonoré, si l'on se mettait dix contre un; il est vrai qu'on nous appelle des sauvages. »

Je me rassurai quand je sus de quoi il s'agissait; je payai le dégât et la dépense qu'avait faits mon Caraïbe, à qui j'adressai une réprimande dont il saisit fort bien la morale, sans pourtant concevoir pourquoi ce titre de chevalier, qui me valait tant d'égards, avait été pour lui la cause d'une aventure aussi désagréable.

Nous songeâmes à quitter Bordeaux. J'avais besoin d'une voiture : Zaméo, qui m'accompagna chez le carrossier, ne connaissait encore que deux manières de voyager, à pied sur terre, ou en pirogue sur l'eau. Je m'amusai de la surprise qu'il témoignait en voyant ces petites chambres de cuir (pour parler son langage), où il ne concevait pas qu'on passât une heure sans étouffer. J'achetai, à sa prière, un vieux *calesin* espagnol d'une forme très-peu élégante, mais d'une structure solide et commode; je m'arrangeai de deux bonnes mules galiciennes avec un *arriero* de Palencia, lequel était venu conduire en France une famille de *liberales* exilés d'Espagne. Zaméo lia connaissance avec eux, et s'informa du motif qui les forçait à s'expatrier. Il fut bien surpris d'apprendre que les uns étaient chassés d'Espagne pour avoir mangé du lard le vendredi, et les autres parce qu'ils n'en voulaient pas manger du tout. Il leur offrit des lettres de recommandation pour la Guiane, où l'on mange tout ce que l'on trouve, et vint ensuite me demander si l'Espagne était en Europe.

Nous voilà tous les trois roulant sur les grandes routes de la Gascogne. Presque aussi étranger que mes deux compagnons de voyage à la civilisation européenne, je remarquais cependant avec peine qu'ils en sentaient plus vivement les abus que les bienfaits. Tout ce qui portait un caractère d'utilité publique leur plaisait sans les étonner. Les grands chemins leur paraissaient bien imaginés; mais le soleil dardait aplomb sur la tête, et ils regrettaient les petits sentiers tracés sans art sous l'ombrage des forêts. Dévorés par la soif au milieu des arbres couverts de fruits qu'ils n'osaient cueillir, ils se rappelaient avec amertume qu'aucun garde champêtre, sur les bords de l'Orénoque, n'empêche le voyageur altéré de se rafraîchir la bouche avec le citron ou l'ananas qu'il trouve sur sa route. Je n'avais pas de peine à leur faire comprendre que le droit de propriété était un des grands avantages de l'état de civilisation; mais ils m'embarrassaient en me demandant si les hommes, dans cet état, étaient meilleurs et plus heureux.

J'allais leur répondre lorsque nous entendîmes un grand bruit de mousqueterie dans un bois qui bordait le chemin : un moment après nous en vîmes sortir un petit corps de troupes; quelques cavaliers se détachèrent, et vinrent s'emparer de nos mules et de nos voitures pour transporter les blessés au village voisin. Nous fûmes obligés de suivre à pied. Tout en cheminant auprès du commandant de l'escorte, nous apprîmes de lui tous les maux auxquels la France était en proie, et qu'aggravait encore le fléau des guerres civiles, dont nous avions sous les yeux les déplorables effets.

Lorsque l'officier eut fini de parler : « Maître Paul, me dit Zaméo, vous rappelez-vous l'année du débordement où la tribu de Zangaïs, excitée par le mauvais esprit, et divisée sur la couleur des plumes dont nous parons nos têtes, tourna contre elle-même ses flèches victorieuses? Mon père Oyatoë commandait les plumes rouges; déja plusieurs *carbets** avaient été détruits; un combat terrible allait s'engager : vous paraissez au milieu des Zangaïs; vous parlez, leur fureur s'apaise, et le *calumet* de la guerre est éteint pour toujours. J'étais bien jeune alors; mais Oyatoë m'a souvent répété vos paroles, et je les ai fidèlement retenues :

« Braves Zangaïs, leur dites-vous, quelle » rage vous anime, et quel sang allez-vous ver- » ser ? N'êtes-vous pas tous les enfans du grand » Fleuve ? Ces cabanes que vous incendiez ont » vu naître vos fils; ces champs que vous rava- » gez couvrent les ossemens de vos pères; bri- » sez vos flèches; arrachez ou confondez ces » plumes dont l'aspect vous irrite, et suivez- » moi sous le grand palmier où votre chef, le » vieux Attalego, l'ancien de la forêt, vous at- » tend pour vous consoler et pour vous bénir ».

» Le mauvais esprit, continua Zaméo, souffle

* Hameau des Indiens caraïbes.

aujourd'hui sur la France; retournons sur nos pas, courons après ces guerriers; vous leur tiendrez le même langage, et vous les réconcilierez comme vous avez autrefois réconcilié les Zangaïs. »

« Mon ami, lui répondis-je, je parlais à des sauvages qui sentent beaucoup et qui raisonnent peu; nous sommes maintenant chez le peuple civilisé qui sent le moins et qui raisonne le plus; je perdrais mon tems et mes discours. »

« Je ne vois pas encore ce que nous avons gagné à changer de pays, reprit Zaméo. — Ni moi non plus, » lui dis-je.

Arrivés au village, on y déposa les blessés; nous remontâmes en voiture, et nous arrivâmes à Paris.

N° III. — 31 *juillet* 1815.

LES CONSTITUTIONS.

—

Let us make a stand upou the antient ways, and then look about us and discover what is the straight and right way, and so walk in it.

Bacon, *Essais.*

Arrêtons-nous un moment sur les anciennes routes ; regardons ensuite autour de nous, pour découvrir quel est le chemin le plus droit, et marchons-y d'un pas ferme.

Mon premier soin, en arrivant dans un pays avec l'intention de m'y établir, a toujours été de connaître les lois d'après lesquelles il était gouverné, les conditions que m'imposait la nouvelle société dont je devenais membre, et de savoir quels étaient mes droits et mes devoirs. J'ai trouvé presque partout, il est vrai, les premiers trop restreints, et les autres trop multipliés : mais, enfin, c'est un contrat dont on vous fait connaître les charges ; vous pouvez n'y pas souscrire : une fois engagé, vous devez vous y soumettre.

Nouvel Epiménide, je viens de me réveiller en France après un sommeil d'une quarantaine d'années. Dans ce long intervalle, le tems a fait table rase ; je ne retrouve pas un être, pas une chose, j'ai presque dit pas une idée de ma connaissance : les hommes, les institutions, les mœurs, les usages, tout a changé. Bacon n'admettait que deux causes d'une vicissitude aussi complète : un déluge ou un tremblement de terre; il oubliait une révolution. Celle qui a produit en France de si grands changemens ne m'était pas tout-à-fait inconnue : avant même que le bruit des principales secousses qui l'ont accompagnée eussent retenti jusque dans les forêts de la Guiane, cette catastrophe m'avait été annoncée par l'émigration de quelques hommes doués de ce même instinct que l'on a remarqué dans les rats, instinct qui les avertit de quitter un vieux édifice un instant avant qu'il s'écroule. *

* C'est ici le lieu de relever une erreur qui s'est, je crois, glissée volontairement sous la plume de l'*Hermite de la Chaussée-d'Antin*, dans un petit Précis de mes aventures, dont il a fait le sujet de son CI[e] numéro. Je ne suis point revenu en France pendant la révolution, comme il le dit (*voyez* le tome 4, pag. 345), et ce

Tout jeune que j'étais lorsque je quittai mon pays, je croyais avoir acquis, sur les bancs de l'école, le droit de juger très-sévèrement mes compatriotes, en les comparant à ces Grecs, à ces Romains avec lesquels j'avais été pour ainsi dire nourri. Le parallèle que je me plaisais à établir entre les colosses de l'antiquité et nos petites figures modernes, m'inspirait pour ces derniers un mépris, un dégoût qui détermina ma passion pour les voyages. Je crus qu'il en était des hommes comme des tems, que les plus éloignés étaient les meilleurs.

Je pourrais aujourd'hui me prévaloir de l'avantage négatif de n'avoir pris aucune part à la révolution, et me présenter comme médiateur entre des partis dont aucun n'a de reproches à me faire; mais quoique le moment soit mal choisi pour un pareil aveu, je dois pourtant convenir que les circonstances ont plutôt manqué à mon caractère, que mon caractère n'aurait manqué aux circonstances. Tout ce qui tend à consa-

ne fut pas une sentence de déportation du Directoire qui me conduisit sur les bords de l'Orénoque, où j'étais établi avant que la révolution commençât.

crer les droits d'une nation, à établir son indépendance, à fonder sa grandeur, agit si fortement sur mon esprit, qu'il est probable que j'eusse contribué, du moins par mes vœux, à une réforme dont j'aurais attendu de semblables résultats. J'affirme encore aujourd'hui, même après l'expérience, que cette révolution politique, dès long-tems préparée par celle des mœurs, était devenue inévitable. L'intensité des maux qu'elle a produits est due en grande partie aux efforts des uns pour la comprimer, et à l'impatience des autres pour la faire éclore. Dans toute espèce d'innovation, a dit un homme de génie, les hommes devraient suivre l'exemple du plus grand des innovateurs, du tems, qui procède avec lenteur, et par degrés imperceptibles, dans les changemens continuels qu'il ne semble que méditer alors qu'il les opère.

Sans m'occuper plus long-tems de rechercher les causes de la révolution, ou d'en blâmer les moyens, je me borne à en examiner quelques-uns de ses effets.

Le caractère français qui avait survécu à l'anarchie de Charles VI, aux fureurs de la Ligue, aux folies de la Fronde, et même au délire révolutionnaire (si je dois en croire les observations de mon prédécesseur), paraît avoir subi, depuis deux ans, un changement total, qui ne laisse plus subsister un seul trait de sa physionomie primitive. La cause en est dans ce passage subit et sans transition des plus brillans succès aux plus cruels revers. Les lois de la physiologie s'appliquent, en certains cas, au moral comme au physique, et de même qu'un être organisé ne peut sans une altération sensible parcourir simultanément l'échelle du thermomètre, et passer de l'extrême chaleur au froid le plus vif, un peuple ne peut, sans éprouver une grande commotion morale, descendre tout-à-coup du premier rang qu'il occupait parmi les nations au degré d'humiliation où nous nous trouvons réduits. Cette circonstance explique honorablement, à mes yeux, l'absence de toute gaîté chez le peuple jadis le plus gai de la terre. La persévérance qu'il a mise à poursuivre la liberté à travers tant d'écueils, tant de malheurs, tant de sacrifices, l'absout pour jamais du reproche de frivolité qu'on lui adressait avec tant de raison. Souvent égaré par ceux qui l'ont conduit depuis vingt-cinq ans, j'observe cependant qu'il s'est constamment dirigé vers le même but; que, du sein des factions les plus opposées, un même cri s'est constamment fait entendre : *la constitution.* C'est cette constitution qu'il m'importait de connaître; en ma nouvelle qualité de citoyen français, je voulais étudier, méditer, apprendre par cœur ce pacte social, si laborieusement enfanté, si impatiemment attendu, et sur lequel reposent irrévocablement les destinées de la France.

J'avais hâte de me procurer ce bréviaire du citoyen, et j'entrai à cet effet chez un libraire du Palais-Royal à qui je demandai la constitution. « Laquelle Monsieur veut-il avoir? — Comment, laquelle? Est-ce qu'il y a plusieurs constitutions? — Nous en avons eu quatre dans cette année seulement :

La Charte royale,

L'Acte additionnel,

Le Projet de la Chambre des Représentans,

Et finalement, la Charte avec des modifications.

— Je veux avoir la Constitution française, le recueil des lois fondamentales du royaume; en un mot, la Constitution qui me garantit mes droits de citoyen, et qui me prescrit mes devoirs de sujet.

— Voici la Charte royale.

— Toute réflexion faite, je serai bien aise de comparer cette Constitution avec celles qui l'ont précédée; donnez-moi les autres.

— Toutes?

— Oui, toutes.

— Voici :

1° Le recueil des cahiers des Trois Ordres, en 1789;

2° La Constitution de l'Assemblée Constituante, en 1791;

3° La même, révisée au commencement de 1792;

4° La Constitution Républicaine de 1793;

5° Les Décrets de la Convention, portant création d'un Gouvernement Révolutionnaire légalement constitué;

6° La Constitution de l'an 3, avec un Directoire;

7° La Constitution de l'an 8, avec des Consuls;

8° La Constitution Impériale;

9° Le Gouvernement despotique institué par des sénatus-consultes;

10° La petite Constitution du Sénat, en vingt-neuf articles, en avril 1814;

11° La Charte royale, en juin 1814;

12° L'Acte additionnel aux Constitutions de l'Empire, en mai 1815;

13° Le Projet de Constitution de la Chambre des Représentans, en juin 1815;

14° La Charte royale avec des modifications, en juillet 1815. »

Muni de ce ballot de constitutions, je courus m'enfermer dans ma retraite pour y réfléchir à mon aise sur le sujet le plus important qui puisse être offert à la méditation des hommes.

Avant de connaître sous quel régime je vivais, je voulus savoir sous lequel il m'eût été le plus doux de vivre, et chacune de ces constitutions fut tour-à-tour l'objet de mon examen.

Le luxe typographique qui distinguait au premier coup-d'œil celle de l'assemblée constituante, annonçait l'importance qu'on y avait sans doute attachée. Les hommes les plus éclairés de la fin du 18e siècle avaient concouru à la rédaction de ce pacte social, dont chaque article avait été l'objet d'une discussion lumineuse; trois années entières avaient été employées à perfectionner ce travail, qui n'avait cependant pas échappé à cet esprit démagogique dont l'influence commençait à se faire sentir. La constitution de 1791 renfermait deux vices essentiels : la concentration du pouvoir législatif dans une seule chambre, et l'état de nullité où se trouvait réduite l'autorité royale, sans défense contre l'usurpation graduelle d'une assemblée unique et permanente, ou sans force contre les entreprises de l'anarchie, dont la première attaque a suffi pour renverser le trône et détruire la monarchie.

La constitution républicaine de 1793 est une de ces jongleries politiques dont la nation, sans avoir jamais été la dupe, a souvent été la victime. Cette constitution dérisoire, où sont consacrés les principes de la liberté la plus absolue, du républicanisme le plus pur, après avoir servi de préface au décret portant création de l'horrible gouvernement révolutionnaire, fut précieusement enfermée le même jour dans une espèce d'arche dont on n'a jamais songé à la tirer.

Les constitutions de l'an 3 et de l'an 8 n'avaient fait qu'indiquer cette séparation, cette pondération des trois pouvoirs qui maintient leur équilibre et assure leur indépendance. Il était aisé de s'apercevoir que le conseil des *cinq-cents* et celui des *anciens*, tous deux amovibles, tous deux émanés de la même source, et composés des mêmes élémens, ne présentaient que deux divisions d'une même chambre, dont l'une ne pouvait conséquemment servir à l'autre de contre-poids. Dans ces constitutions, le pouvoir exécutif manquait de cette unité qui fait sa force, de cette hérédité qui peut seule perpétuer et régulariser son action.

La constitution impériale, en créant un trône héréditaire et un sénat inamovible, remédiait à ces graves inconvéniens; mais un corps législatif muet, un conseil-d'état transformé en fabrique de lois; des sénatus-consultes qui n'étaient autre chose que l'expression servile de la volonté du prince, avaient fini par anéantir toutes ces constitutions de l'empire, qui n'étaient plus qu'un vain mot. Pendant dix ans, le despotisme le plus intolérable pesa sur la France; la gloire y tenait lieu de liberté. *

En relisant la Charte royale avec toute l'attention que l'on apporte à la lecture d'un con-

* Mais la gloire du trône accablait les sujets.

CORNEILLE.

trat qui nous engage personnellement, je me suis convaincu avec un extrême plaisir qu'elle renfermait tous les élémens de cette liberté publique, pour laquelle la nation combat depuis vingt-cinq ans, et dont les bases ont été posées par elle-même dès 1789, dans les cahiers des trois ordres ; une monarchie héréditaire dans la famille en possession du trône depuis plus de deux cents ans ; un monarque inviolable, des ministres responsables, des juges inamovibles, la séparation du pouvoir législatif, une égale répartition de l'impôt consenti par les représentans de la nation, la liberté individuelle qui place tout citoyen sous la sauve-garde des lois, et l'affranchit de la crainte de se voir, à son réveil, inscrit sur des tables de proscription; la liberté de conscience, que nulle puissance humaine n'a le pouvoir de restreindre, et la liberté de la presse, qui seule peut tenir lieu de toutes les autres. La Charte royale où se trouvent toutes ces garanties est sans doute un grand bienfait du monarque à qui la nation la doit; peut-être serait-il à désirer qu'elle ne fût pas une simple concession du trône; mais les modifications qu'elle va recevoir achèveront de lui donner ce caractère national si nécessaire à sa durée, et les Français alors n'auront plus qu'un vœu à former : c'est qu'on l'exécute.

Le plus profond des publicistes, Montesquieu, savait bien qu'il est plus facile de faire de bonnes lois que de les maintenir; aussi disait-il, en parlant de Charlemagne : *Il fit d'admirables réglemens; il fit plus, il les fit exécuter.*

Alex Desenne del. 1816 Coupé Sculp.

N° IV. — 7 *août* 1815.

LES ENFANS D'AUJOURD'HUI.

Abstineas igitur damnandis : hujus enim vel
Una potens ratio est, ne crimina nostra sequantur
Ex nobis geniti : quoniam dociles imitandes
Turpibus ac pravis omnes sumus.

Juv., Sat. 14.

Faisons donc en sorte que nos actions soient irréprochables, de peur que nos enfans ne s'autorisent de nos travers ; car nous naissons tous imitateurs dociles de la perversité.

Le tems se peint tout entier dans les générations vivantes : les vieillards représentent le passé ; les hommes faits, le présent, et les enfans l'avenir. Dans le vaste tableau de la vie humaine, les premiers offrent leur exemple, les seconds leurs actions, et les autres leurs espérances. Je crois pouvoir me dispenser de dire plus clairement pourquoi mes premières observations se portent de préférence sur ces derniers ; l'expérience n'a point encore démenti leurs promesses ; je puis du moins les doter, par anticipation, de toutes les qualités que je leur désire, et pour que rien n'altère le sentiment que je leur porte, c'est à leurs parens que je m'en prends des défauts que je remarque en eux. J'entre dans la carrière que j'ai à parcourir par le côté le moins pénible; on a besoin, pour se préparer au spectacle des hommes de ce pays, de remonter graduellement l'échelle des âges ; il y a des dangers contre lesquels il faut s'aguerrir.

Comme il n'est point d'objet plus important que celui de l'éducation des enfans, il n'en est pas sur lequel les théoriciens se soient plus exercés. Le plus éloquent, le plus ingénieux de tous ces instituteurs spéculatifs est, sans contredit, l'auteur d'*Emile*. Choqué, comme tous les bons esprits, des vices de l'ancienne éducation, il a cru qu'il suffisait, pour faire mieux, de faire autrement, et, partant du faux principe que tout est bien en sortant des mains de la nature, et que tout se corrompt en société, il a voulu, comme dit Voltaire, nous apprendre à marcher à quatre pattes. Ses brillantes théories sur l'éducation ont eu le sort de ses éloquentes rêveries politiques : celles-ci ont formé des hommes à système au lieu de créer des hommes d'état : les autres n'ont produit que des enfans mal élevés. L'ancien système d'éducation tendait à étouffer le germe pour le mûrir ; on en presse aujourd'hui le développement par tous les moyens possibles ; on veut avoir des hommes à quinze ans, au risque de n'avoir que des enfans à quarante.

Je suis déjà un personnage fameux dans la forêt de Sénart ; les enfans courent après moi avec une expression de joie qui ne ressemble pas mal à des huées. Je pourrais tirer quelque vanité de cette ressemblance avec le philosophe de Genève, si je pouvais me dissimuler que Zaméo partage avec moi cette espèce d'hommage, dont je me passerais volontiers. Je suis plus flatté des visites de Paris que m'amène de tems à autre Mme de L*** : c'est une manière commode de me faire passer en revue des gens dont je mets à profit la curiosité, et que j'observe tandis qu'ils me regardent.

Dimanche dernier, Mme de L*** vint me prendre dans mon hermitage pour m'emmener dîner à une lieue de là, chez une Mme de Moronval, connue par l'excès, ou plutôt (comme je ne tardai pas à m'en apercevoir) par l'ostentation de sa tendresse maternelle. Il n'était que cinq heures; la compagnie était dispersée dans le parc lorsque nous arrivâmes; Mme de L*** passa dans l'appartement de Mme de Moronval, qui achevait sa toilette, et me laissa seul avec un petit garçon de huit ou neuf ans qu'elle avait embrassé en l'appelant Eugène : c'était le fils de la maîtresse du logis; il courut à moi en faisant claquer un grand fouet qu'il levait à deux mains, et m'adressant brusquement la parole : « Comment vous appelez-vous? me dit-il. — Mon petit ami, lui répondis-je, en lui présentant l'adresse d'une lettre, je n'ai pas l'habitude de décliner mon nom : voyons si vous saurez l'épeler. — J'aime mieux que vous me le disiez vous-même, » continua-t-il en me tirant par la basque de mon habit. Je fus obligé d'en passer par là; et, pour me remercier de ma condescendance., le petit homme ajouta : « Vous êtes bien vieux et bien laid. » Je tâchai de lui faire comprendre qu'il n'avait pas dépendu de moi d'éviter ce double inconvénient, et qu'il n'était pas honnête de m'en faire le reproche. Mais, au lieu de m'écouter, il m'arracha si brusquement le chapeau *unicorne* que j'ai substitué à mon bonnet arménien, qu'il enleva en même tems la petite perruque dont j'ai cru devoir, par supplément, couvrir mon front chauve, depuis que j'habite un pays où la politesse est d'aller nu-tête. Cette espiéglerie ne m'amusa pas du tout. Je me levai pour courir après le sot enfant, qui se sauva chez sa mère en emportant ma dépouille. Elle parut un moment après avec lui, se confondit en excuses sur ce qu'elle appelait un enfantillage, et, tout en grondant son fils d'un ton à lui donner l'envie de recommencer, elle avait toutes les peines du monde à s'empêcher de rire de la figure que je faisais, et de celle que la nature m'a faite.

Je rajustai ma coiffure en balbutiant à cette bonne mère un compliment ironique sur la gentillesse de M. son fils; elle y répondit en me présentant Mlle Emilie, sa fille, petite personne bien droite, bien réservée, bien raisonnable; en tout l'opposé de son frère, sans en être mieux pour cela.

La cloche du dîner se fit entendre; tous les convives, parmi lesquels se trouvaient plusieurs enfans de différens âges, rentrèrent successivement, et l'on se mit à table : je vis avec plaisir que les enfans, confiés aux soins d'une gouvernante, allaient dîner dans une autre pièce. M. Eugène, en nous quittant, eut le soin de nous prévenir qu'il viendrait au dessert.

Le dîner fut triste; on parla beaucoup de politique, et, comme chacun avait la sienne, on ne s'entendit bientôt plus : c'était à qui confondrait mieux les préjugés et les principes, les devoirs et les affections; à qui défendrait avec plus de chaleur les intérêts particuliers, sous le nom d'intérêt public; à qui montrerait plus d'entêtement dans ses opinions, plus de dédain pour celle des autres; les femmes intervinrent dans la discussion, et mettant, comme à l'ordinaire, leurs passions à la place de leurs pensées, l'exagération ne connut plus de bornes : toutes les formules d'une malveillance contenue, d'une animosité polie, avaient été épuisées; il ne restait plus que des injures à se dire : fort heureusement la remarque d'une de mes voisines sur une figure *tatouée* que je porte à la main gauche, vint faire une petite diversion : Mme de L***, qui m'appelle son *homme des bois*, attira l'attention sur moi, en parlant du pays d'où je venais, du long séjour que j'avais fait parmi les sauvages : on me fit à-la-fois vingt questions, auxquelles on s'empressait de répondre pour moi. Quand il me fut permis de me faire entendre, je déclarai, comme le Huron de Voltaire, que j'arrivais d'un pays où chacun parlait à son tour, et répondait lui-même à la question qui lui était faite : je satisfis à toutes celles qui m'avaient été adressées de manière à intéresser la curiosité de mon auditoire, et la conversation commençait à reprendre ce caractère de gaîté, d'urbanité française que la politique lui avait fait perdre, lorsqu'un cri aigu, échappé à l'une de ces dames, interrompit tout-à-coup l'entretien : on sut bientôt qu'il s'agissait d'une *nouvelle espièglerie* d'Eugène. L'insupportable enfant, qui s'était glissé sous la table sans qu'on l'eût aperçu, *s'amusait* à piquer la jambe d'une jeune dame dont l'air décent et la figure aimable n'avaient point échappé à mes observations.

On eut beaucoup de peine à faire sortir le petit vaurien du fort où il s'était retranché; on ne parvint à l'en tirer que par la menace de le priver du dessert que l'on avait servi. Tous les enfans, au nombre de neuf, étaient accourus, et dès ce moment on ne fut plus occupé que d'eux seuls.

Les mères se complimentaient mutuellement sur leur jolie famille. Quel âge avait celui-ci ? Dans quelle pension était élevé celui-là ? Combien de tems cette petite fille était-elle restée en nourrice ? et autres questions de cette importance, auxquelles ceux qui s'y intéressaient le moins avaient l'air de s'intéresser davantage.

La persécution ne faisait que commencer. A peine rentrés dans le salon pour y prendre le café, le père d'un de ces marmots, la tasse à la main, voulut nous donner une idée des connaissances historiques de son fils, et, d'une voix qui commandait l'attention, lui demanda quel roi de France avait succédé à Charles VIII. L'enfant répondit sans hésiter que c'était Charles IX. Les trois quarts de l'assemblée, en admirant la promptitude, la précision de la réponse, ne firent que peu d'attention au petit défaut d'exactitude qu'on pouvait y reprendre, et parurent, ainsi que l'historien en jaquette, oublier le bon Louis XII, le brave François Ier, le galant Henri II, et son fils François II, premier époux de l'infortunée Marie Stuart.

Madame de Moronval, qui n'attendait que

l'occasion de faire briller sa fille, la fit avancer au milieu du cercle, et, avec le ton de la confiance la plus maternelle : « Emilie, lui dit-elle, dites-nous ce que c'est que les hamadryades ? — Maman, répondit la petite, tu aurais dû m'interroger d'abord sur les dryades, dont les premières ne sont qu'un dérivé. » A ce mot de *dérivé*, Mme de Moronval jeta sur les assistans un coup-d'œil circulaire, auquel chacun répondit par un mouvement d'admiration. Ce fut bien mieux, ou bien pis, lorsque Mlle Emilie, à la *demande générale* de la compagnie, qui n'y songeait pas, se mit à danser hors de mesure un pas de ballet où elle déploya toute la disgrâce de sa petite personne. On l'applaudit beaucoup, et sa modeste mère ne parut pas satisfaite. « Mon cœur, lui dit-elle, il est aisé de voir que vous n'avez pas fait vos *battemens* ce matin. » On me rit au nez parce que je demandai à cette dame si elle destinait sa fille au théâtre. Un grand homme sec, qui lisait un journal dans un coin, sourit à ma question, de manière à me faire croire que du moins quelqu'un l'avait entendue.

Une autre petite fille, piquée du peu d'attention que l'on faisait à elle, voulut aussi jouer son rôle, et, s'avançant au milieu du cercle : « Maman, dit-elle, veux-tu que je te dise ce que c'est que la *sensible* ou la *dominante* dans la gamme diatonique majeure? » La mère de cette enfant, que j'avais déjà quelques raisons de croire elle-même très-sensible et passablement dominante (au ton qu'elle avait avec son mari), voulut bien ajourner la proposition, ce qui n'empêcha pas quelques hommes de s'échapper à la dérobée. J'aurais bien voulu les suivre; mais j'étais aux ordres de Mme de L***.

Pour arrêter l'émigration, on demanda des tables de jeux; avant qu'elles fussent disposées, il nous fallut entendre estropier sur le piano une sonate de Mozart par cette inévitable petite Emilie, à qui sa mère faisait inhumainement recommencer tous les passages qu'elle manquait, ce qui pouvait éterniser notre supplice. Il finit enfin, et l'on se mit à jouer.

Le jeu d'échecs est le seul que je n'aie pas oublié. Le grand homme sec, dont je parlais tout-à-l'heure, me proposa une partie : je l'acceptai comme un moyen d'échapper à l'importunité des enfans. Nous étions à-peu-près de même force mon adversaire et moi : j'avais perdu la première partie ; j'étais en train de gagner la seconde ; il était probable qu'en très-peu de coups mon homme allait être *échec et mat* : je jouissais d'avance de mon triomphe et de la surprise de mon adversaire à la vue d'un *échec à la découverte* que je lui préparais ; un maudit enfant, auquel je ne puis penser de sang-froid, en courant dans le salon où il jouait, vint se jeter en travers sur l'échiquier, avec lequel il roula sur le parquet. Dans la colère qui me possédait, et que ces dames augmentaient encore par des éclats de rire très-incivils, je maudissais tous les enfans du monde. « Avez-vous bien le courage, me dit d'un ton moqueur la mère de notre étourdi, d'en vouloir à ces pauvres petits innocens ? — Parbleu ! madame, lui répondis-je avec une brusquerie un peu sauvage, des innocens comme ceux-là me réconcilieraient avec Hérode. » Les ris redoublèrent, et Mme de Moronval, pour me consoler, me cita l'exemple de *Saint-Preux*, à qui pareil malheur était arrivé. Je n'aurais pas conseillé au petit drôle d'imiter *Julie* et de me présenter sa joue.

On vint très-à-propos prévenir Mme de L***

que sa voiture était avancée; je pris congé le plus honnêtement qu'il me fut possible de la maîtresse de cette maison, où je me promis bien de ne pas revenir pendant les vacances. Je fus près d'une heure avant de retrouver mon bonnet et ma canne, que cette troupe de marmots avaient cachés dans le jardin, et qu'ils s'amusaient à me faire chercher. Un laquais me les rapporta; nous partîmes. Pendant la route, je fis convenir Mme de L*** que des enfans élevés de cette manière ne pouvaient manquer d'être un jour des hommes fort insupportables et des femmes très-ridicules, et que si l'ancienne éducation mettait trop de distance entre les enfans et les parens, la nouvelle établissait entre eux des rapports trop familiers. Peut-être reste-t-il à trouver un terme moyen entre ces deux écueils.

N° V. — 21 *août* 1815.

LA BOURSE.

— *Quid non mortalia pectora cogis*
Auri sacra fames!
VIRG., *Enéide*, liv. 3.

De quoi l'amour du gain ne rend-il pas capable?

Si je recommençais ma vie, et si j'étais libre de me choisir un état, ce serait encore à la marine que je donnerais la préférence. Je ne connais rien de plus honorable pour la nature humaine que la conquête de ce terrible élément, d'où la nature semblait nous avoir bannis. Rien ne m'a rendu plus fier de ma qualité d'homme que la vue d'un vaisseau voguant à pleines voiles sur les mers, bravant les écueils et les tempêtes, et réunissant des peuples que sépare l'immensité de l'Océan. Quand je pense que c'est au génie du commerce que l'art de la navigation doit sa naissance et ses progrès, l'admiration que produit en moi l'effet remonte nécessairement à la cause. Je ne suis pas bien sûr, quoi qu'en ait dit Gessner, que ce soit un amant qui, le premier, ait eu l'idée de creuser un tronc d'arbre pour traverser le fleuve qui le séparait de sa maîtresse; mais ce dont je répondrais, c'est que le premier qui entreprit de se frayer sur mer un chemin sans trace au milieu des tempêtes et des abîmes (soit qu'il appartînt à la nation des Eginettes, comme le dit Moïse, ou à celle des Phéniciens, comme le prétend Strabon), dut être un homme éminemment hardi et industrieux, qui se proposa pour but de s'enrichir par un commerce d'échange avec les peuples des contrées lointaines. Le superflu, pour les nations civilisées, est peut-être un besoin plus impérieux que le nécessaire pour celles qui ne connaissent encore que les besoins de la nature. Il est plus aisé au sauvage de la Guiane de se priver d'une partie de sa ration de patattes, de la double natte qui lui sert de lit, qu'à un traitant de se passer de sucre, d'édredon et de liqueur de la Martinique; mais ce café dont le riche indolent aspire le parfum avant d'en savourer le goût, n'est arrivé de Moka, dans cette tasse de porcelaine de Sèvres qu'il tient négligemment à la main, qu'après avoir *activé*, dans les quatre parties du monde, cinq cents bras que le commerce fait mouvoir. Le commerce est le lien qui unit, qui rapproche tous les peuples de la terre; il adoucit les mœurs, il ajoute aux avantages de la paix, il affaiblit les maux de la guerre, et lorsque tout autre rapport a cessé d'exister entre deux nations, il ménage encore de l'une à l'autre un moyen de communication que la puissance souveraine elle-même ne saurait interrompre.

La volonté d'un commerçant, exprimée dans une lettre-de-change signée sur un comptoir de Lyon ou d'Amsterdam, recevra dans toute l'Europe une exécution plus exacte, plus rigoureuse que tel ordre d'un souverain appuyé par trois cent mille baïonnettes; tels sont les avantages et les bienfaits du commerce, dont je me détourne brusquement pour n'en plus considérer que les abus.

J'ai toujours remarqué que les abus étaient d'autant plus odieux qu'ils avaient leur source dans des institutions plus utiles et plus respectables; c'est ainsi que le fanatisme se produit à l'ombre de la religion; que les rapines de quelques gens de robe s'exercent sous le voile de la justice; que les fureurs de l'ambition trouvent un prétexte dans l'amour de la gloire, et que les honteuses spéculations de l'agiotage s'autorisent du nom et des droits du commerce.

Les gens de mon âge se souviennent encore de l'impression qu'a laissée dans le souvenir et dans la fortune des familles le fatal système de Law, qui mit la France à deux doigts de sa perte. Sa fatale influence fit éclore une nuée de vampires qui spéculaient, dans la rue Quincampoix, sur les malheurs publics, et qui ont eu pour héritiers naturels les agioteurs du Perron et les joueurs de la Bourse.

La Bourse, qui se tenait dans ma jeunesse rue Vivienne, à l'hôtel de la Compagnie des Indes, était le rendez-vous de tout ce qu'il y avait de plus considérable et de plus considéré dans une profession où l'honneur était la première mise de fonds. Ce qu'on appelait alors le crédit, était le résultat d'une réputation sans tache, d'une probité héréditaire, et d'une confiance établie sous ce double rapport. Ces vertus, exigées dans les premiers négocians, servaient de modèle à ceux des classes inférieures, et, depuis le plus riche banquier de la place des Victoires, jusqu'au plus petit mercier de la rue Saint-Denis, chacun avait une réputation à soutenir et un crédit à conserver. Paris, m'a-t-on assuré, possède encore quelques-uns de ces vertueux négocians, qui semblent avoir été réservés, comme ces vieux chênes au milieu d'un vaste taillis, pour donner une idée de la hauteur où s'élevaient jadis les arbres de la forêt.

Je me trouvais à dîner, la semaine dernière, chez Mme de L***, à côté d'un M. David Orioles, dont le nom me rappelait une de ces vieilles réputations commerciales. Je pris la liberté de le consulter sur mes petits intérêts, et je le priai de m'indiquer une manière à la fois sûre et avantageuse de placer quelques fonds dont le produit pût me suffire pour arriver, à l'abri du besoin, au terme très-prochain de ma carrière. Le capital est un héritage dont je dois compte à cette bonne Ottaly, à ce fidèle Zaméo, que j'ai emmenés si loin de leur patrie. J'aurais désiré que M. Orioles se chargeât de notre petite fortune.

« Monsieur, me dit-il, à toute autre époque, je n'aurais pu prendre votre argent qu'à un intérêt de quatre pour cent, et ce taux là ne peut pas vous suffire ; dans les circonstances actuelles, je ne croirais pas vous donner, avec ma fortune entière, une garantie suffisante de la vôtre ; mais vous pouvez trouver, à la Banque de France, les sûretés que je ne puis vous offrir. » Il entra ensuite avec moi dans quelques détails sur les avantages du placement qu'il me proposait, et je me décidai à changer, dès le lendemain, mon numéraire contre des *actions*.

Je ne savais pas encore pourquoi mon voisin de gauche écoutait, avec tant d'attention, une conversation qui n'avait rien de bien intéressant pour un tiers ; il se chargea, un moment après, de m'expliquer le motif de sa curiosité.

En sortant de table, il me prit à part : « Vous avez, me dit-il, l'intention de placer des fonds ; vous ne pouviez vous adresser plus mal qu'à M. David Orioles : c'est un homme d'une grande probité, j'en conviens avec tout le monde ; mais en affaires de banque il n'entend rien, absolument rien. Le bon homme en est encore aux vieilles routines, et parce qu'il est dans l'ornière, il se croit dans la route. Le fait est que le commerce, comme toutes les autres branches de l'économie politique, a fait, depuis trente ans, des progrès immenses; la science de la banque, en particulier, s'est enrichie de nouvelles formules qui en ont, en même tems, simplifié et agrandi les calculs. Les capitaux, entre des mains habiles, sont aujourd'hui, de toutes les propriétés, la plus sûre, la plus productive, et la seule que l'impôt ne puisse atteindre. Autrefois, la routine des opérations de banque réduisait les capitalistes à un intérêt de 10 ou 12 pour cent; aujourd'hui, nous avons des moyens infaillibles pour doubler annuellement notre capital. Voilà, Monsieur, ce que je puis vous prouver par l fait, si vous daignez me confier vos fonds. »

M. Duvernet, c'est le nom de cet habile homme, s'annonçait avec tant de confiance, s'énonçait avec tant de clarté, que, pour la première fois de ma vie, je me sentis aiguillonné par l'amour du gain. Il m'assigna un rendez-vous pour le lendemain, à une heure, au café Tortoni. M. Orioles, qui me vit sortir avec lui, fit un mouvement d'épaules dont je puis aujourd'hui m'expliquer l'intention.

Je trouvai mon homme à l'heure et au lieu qu'il m'avait indiqués; je montai dans son cabriolet, et nous nous rendîmes à la Bourse:

chemin faisant, il m'initia dans quelques-uns des mystères de l'agiotage. « Nous avons fait, me dit-il, une heureuse alliance de la finance et de la politique. Nos opérations ont pour base le mouvement d'oscillation que les événemens de la paix ou de la guerre impriment aux effets publics : le crédit de l'Etat, modifié par les circonstances, réelles ou présumées, nous sert à asseoir nos calculs, et nous jouons ce qu'on appelle à *la hausse* ou à *la baisse*, sur des données éventuelles, auxquelles le grand art est d'ôter ou de donner le degré de vraisemblance utile à nos projets du moment. » J'ouvrais de grands yeux, j'écoutais de toutes mes oreilles, et je ne concevais rien à cette algèbre politico-financière : « Vous serez au fait dans un moment, continua-t-il. »

Nous arrivâmes dans la seconde cour du Palais-Royal, que nous trouvâmes remplie de gens distribués par groupes, dont les uns chuchotaient avec inquiétude, tandis que les autres écoutaient quelques fragmens de lettres qu'on leur lisait en confidence : il résultait de toutes ces voix un bourdonnement mercantile d'un effet assez monotone. Pendant cette causerie préparatoire, un grand nombre de cabriolets, de calèches, entraient dans la première cour; les agens de change en descendirent : deux heures sonnèrent, et la cloche annonça l'ouverture de la Bourse officielle pour la négociation des effets publics.

J'entrai, avec la foule, dans une vaste salle du plus triste et du plus misérable aspect, où je fus étonné du très-petit nombre de négocians et de courtiers de commerce qui s'y trouvaient. Je n'entendais pas dire un mot de change, de remises, d'assurances, en un mot, de tout ce qui a rapport aux grands intérêts commerciaux qui se traitaient, de mon tems, à l'hôtel de Nevers. J'en témoignai ma surprise à mon proxénète. « C'est du petit commerce dont vous vous informez, me dit-il; ces gens-là entrent rarement ici : la Bourse est maintenant réservée à ces grandes opérations que nous appelons *le jeu de la rente*, et dans lequel vous serez bientôt intéressé. » Je lui fis l'observation que je voulais placer mes fonds, et non les jouer. « Laissez-moi faire, continua-t-il, je sais mieux que vous ce qu'il vous faut : nous voulons acheter. » On crie la rente à 61 : « C'est trop haut, il faut la faire descendre. Je vois un homme qui va nous y aider d'autant plus facilement qu'il a des effets à vendre. » Aussitôt il compose sa figure, et aborde une espèce de *gobe-mouche* auquel il se contente de serrer la main en levant les yeux au ciel. « Qu'est-ce ? lui demande celui-ci. — Comment! vous ne savez pas?... — Non, vraiment ! — Le démembrement est décidé. Je sors de chez un secrétaire de légation : la France est réduite à quinze départemens; j'en ai la liste dans ma poche... Sur-tout, ne me citez pas! » et il s'éloigne. Celui auquel il a fait cette confidence court au *parquet** des agens de change, et donne ordre au sien de vendre à 60. Cette baisse subite est proclamée; on en cherche la cause; elle circule à l'oreille : la nouvelle prend de la consistance, et nous revient, une demi-heure après, enrichie de circonstances et appuyée de preuves qui ne permettent plus d'en douter. *La baisse* continue : en vain les *coulissiers*,** qui ont intérêt à *la*

* L'enceinte où se tiennent les agens de change au milieu de la Bourse.

** On appelle *coulissiers*, en termes de Bourse, des gens qui n'ont d'autre état que celui de jouer sur les fonds publics.

hausse, cherchent-ils à en démontrer l'invraisemblance, l'alarme est répandue, l'heure se passe, la cloche sonne, et le dernier cours est proclamé à 58.

« Ce n'est pas encore le moment d'acheter, me dit mon conseil; nous avons encore dix sous à gagner sur le *cours du ruisseau*.* Je n'entendais rien à ce qu'il disait; mais j'étais décidé à me laisser conduire. Le marché fut conclu; le *Maron* ** me coucha sur son *carnet*, après quoi je me trouvai acquéreur de 2500 francs de rente en tiers consolidé, sans avoir rien déboursé et sans posséder aucun titre. Je voulus me faire expliquer cette énigme. « Vous avez fait un marché conditionnel, me dit-il, et les valeurs que vous avez achetées ne sont qu'imaginaires; mais attendez à demain, et vous verrez que le résultat n'en est pas moins positif. »

Me voilà donc, à mon insu, lancé dans l'agiotage. Le lendemain j'étais de bonne heure au Palais-Royal, impatient de savoir quelle affaire j'avais faite.

La Bourse s'ouvre au taux de la veille; M. Du-

* Cours après la Bourse.

** Faiseurs d'affaires non accrédités.

vernet arrive : « Je sors de l'Elysée-Bourbon (me dit-il assez haut pour être entendu de tous ceux qui nous entourent); les choses vont à merveille; les alliés *veulent que la France soit grande et forte*, ce sont leurs propres expressions : on paie au trésor à bureau ouvert; et non-seulement nous ne perdrons pas un pouce de terrain, mais il est plus que probable que nous recouvrerons une partie de la Belgique. » Ces propos, à l'appui desquels on produit des lettres confidentielles, des témoins irrécusables, font, en peu de tems, remonter la rente; elle est demandée à 61 fr. 50 c. « Vendez vîte, me dit M. Duvernet, vous venez de gagner trois mille francs. » Je ne revenais pas de ma surprise, et je remerciais le Ciel de m'avoir fait faire la connaissance d'un aussi habile homme. Pendant que je me félicitais de ma bonne fortune, une rumeur sourde circulait dans la Bourse; on y parlait de la faillite énorme d'un agent de change. Cette banqueroute entraînait la ruine de vingt capitalistes dont cet homme faisait valoir les fonds. J'attendais les mille écus que j'avais si facilement gagnés, lorsque M. Duvernet, la figure décomposée, vint m'apprendre qu'il se trouvait, ainsi que moi, compromis dans la faillite de cet agent de change, avec lequel il avait traité en mon nom.

Je fus un peu honteux de mon début dans les affaires, et je retournai chez Mme de L***, où je trouvai M. Orioles, à qui je fis part de ma déconvenue. « Comment, à votre âge, me dit-il, vous vous avisez de faire le métier de joueur! — Je n'ai pas joué, lui répondis-je, j'ai spéculé. — Vous avez joué, continua-t-il, et, qui pis est, vous avez joué le plus détestable de tous les jeux, celui dont on soumet les chances aux événemens les plus funestes; où l'on spécule sur le discrédit, sur les désastres publics. Je ne vous citerai qu'un fait pour vous faire connaître l'esprit qui préside à ces infernales spéculations : Dans la capitale de la France, le jour où l'on a été instruit du résultat de la bataille de Waterloo, les fonds publics ont éprouvé une hausse considérable; ils ont *fléchi* le jour de l'entrée du Roi. Je crois pouvoir me dispenser de vous en dire davantage, et c'est à vous de voir maintenant s'il vous convient de placer votre argent à un pareil intérêt. Vous l'avez remarqué vous-même, les véritables négocians, les courtiers avoués du commerce, les agens de change qui tiennent à l'estime publique (et c'est le plus grand nombre) ne prêtent point leur ministère à ces ignobles opérations, où l'on est d'ailleurs bien plus sûr de se déshonorer qu'on ne l'est de s'enrichir. »

Cette leçon ne fut point perdue; je me promis bien de ne plus reparaître à la Bourse, et je me contentai d'acheter, par l'entremise de M. David Orioles, une trentaine d'actions de la Banque, dont je pourrai toucher le *dividende* sans avoir à me reprocher les vœux que je forme pour voir augmenter ma petite fortune.

N° VI. — 28 *août* 1815.

LES LINGÈRES.

.... Plurima sunt quæ
Non audent homines pertusâ dicere lænâ.

JUV., Sat. 6.

Que de bonnes paroles étouffées sous de méchans habits!

At Venus obscuro gradientes aëre sepsit
Et multo nebulæ circùm dea fudit amictu;

VIRG., *Enéide*, liv. I.

Elles marchent dans l'ombre, et Vénus étend autour d'elles un voile de nuages.

IL en est des hommes amoncelés dans une grande ville, comme des cailloux roulés dans un fleuve : leurs angles s'émoussent, leurs aspérités disparaissent; tous finissent par affecter la même forme. Le frottement est plus immédiat, plus continuel à Paris qu'ailleurs; aussi les caractères distinctifs y sont-ils plus polis et plus usés qu'en tout autre endroit. Le ridicule s'y attache à tout ce qui sort de l'ordre commun : un habit d'une forme inusitée est déjà une prévention contre celui qui le porte, et sert au moins de prétexte pour en faire provisoirement un sot.

Je croyais avoir bien choisi mon moment pour accoutumer les Parisiens à un costume un peu étrange, auquel je tiens par habitude, et je ne me croyais, à cet égard, guère plus ridicule que les cosaques du Don et de la Tamise, qui sont aujourd'hui nos concitoyens; mais comme je n'ai ni carabine, ni lance, ni fusée à la Congrève pour faire respecter mon accoutrement, il faut bien en faire le sacrifice, et ôter aux badauds la petite distraction que je leur ai procurée pendant quelques jours. Après tout, je conviens que je n'étais pas moins déplacé sur les bords de la Seine avec ma redingote à capuchon, en poil de chèvre sauvage, que je ne l'étais sur les bords de l'Orénoque avec mon habit français et mon chapeau à trois cornes.

Mme de Lorys a exigé que je fusse habillé par *Léger*, coiffé par *Doyen*, et botté par *Salkosky*. J'ai promis de leur abandonner le soin de ma toilette, à condition qu'on me permettrait de me moquer de moi-même, ce qui est moins déplaisant, comme dit *Bridoison*, que de laisser ce plaisir aux autres.

Ma modeste garde-robe, étrangère à toute espèce de luxe, ne devait rien à l'art du tisserand et de la lingère; mon linge de corps se bornait à quelques chemises en tissus d'écorce d'arbre, qu'Ottaly possédait le secret de fafabriquer et de blanchir : ce fut la première chose qu'il fallut remplacer. Il est convenu qu'il est de certaines emplettes qui ne peuvent être bien faites que par des femmes : Mme de Lorys voulut absolument m'accompagner chez sa lingère, et présider elle-même à la confection de mon petit trousseau.

Un homme accoutumé à se passer de tout depuis quarante ans, a de la peine à concevoir combien il y a de choses indispensables; j'en fis à grands frais l'apprentissage chez la lingère. Tandis qu'elle mettait ma bourse à contribution, je m'amusais, sur le comptoir où l'on m'habillait de toutes pièces, à prendre une espèce de revanche à ma manière, au moyen des notes qui me fournissent aujourd'hui la matière de mon discours.

Ce magasin de lingerie est situé dans le plus

beau quartier et dans l'une des plus belles rues de Paris; son enseigne est modeste et de bon goût; c'est *à la Ruche*. Jamais emblême ne fut mieux choisi : autour d'un comptoir en bois d'acajou, une douzaine de jeunes filles, sous les ordres d'une maîtresse dont la surveillance n'a rien de trop sévère, s'occupent à différens travaux à l'aiguille : un costume où la simplicité le dispute à l'élégance, ajoute un charme tout particulier à cette réunion de petites lingères, presque toutes d'une figure agréable et d'une tournure qu'on ne trouve qu'à Paris.

Dès qu'un étranger entre dans le magasin, l'une de ces jeunes filles, chargée seule de ce soin, vient poliment s'informer de ce qu'il désire; les autres, sans paraître discontinuer leur travail, le suivent d'un regard curieux, et se communiquent par le même moyen, d'un bout du magasin à l'autre, les observations malignes que sa présence ou ses emplettes leur suggèrent.

J'étais émerveillé de la grâce facile avec laquelle ces jolies marchandes débitaient leur petit catéchisme sur les avantages inappréciables de tous les objets qu'elles voulaient nous faire acheter, sur la qualité, la force, la finesse des toiles, des perkales, des batistes, qu'on ne pouvait, à les en croire, trouver ailleurs au même prix. Je n'ai jamais entendu faire un plus fréquent et un plus heureux emploi de cette figure de rhétorique que l'on appelle *euphémisme*, de cette politesse affectueuse et décevante qui distingue en général les marchands de Paris. Ces petites syrènes trouvèrent dans Mme de Lorys un adversaire que l'expérience et l'habitude avaient mis en garde contre leurs séductions; cette dame mettait autant d'amour-propre à bien acheter que les autres mettaient d'intérêt à bien vendre. Les discussions de ce genre sont ordinairement fort longues, parce que les femmes y trouvent deux avantages, celui de parler chiffons tout à leur aise, et celui d'afficher une sorte de supériorité en fait de ruse et d'adresse sur des gens qui en font métier. Je laissai Mme de Lorys débattre mes intérêts en multipliant mes dépenses, et j'allai m'asseoir dans un coin de la boutique, mes tablettes à la main, cherchant à ne rien perdre des scènes à tiroir dont j'étais spectateur.

Une voiture à larges armoiries s'arrêta devant la porte du magasin; un laquais ouvrit la portière, et j'en vis descendre, à l'aide de deux serviteurs, dont l'un était son époux, la plus volumineuse baronne de la chrétienté, accompagnée de sa fille, dont l'air triste fut la première chose que je remarquai. A l'empressement qu'on mit à recevoir cette famille, il était aisé de voir qu'elle était attendue. Mme la baronne, essoufflée du trajet, après s'être reposée un moment dans un vaste fauteuil; après avoir salué d'un sourire de protection la maîtresse du magasin, demanda à voir le trousseau commandé pour sa fille. Celle-ci, que sa mère affectait d'appeler d'avance du nom de comtesse, ne paraissait rien moins qu'enchantée de son titre futur, et ne jetait qu'à peine un regard inquiet sur les futiles merveilles qu'on étalait à ses yeux. Les tissus les plus fins de l'Inde et de l'Europe, façonnés en *canezous*, en *dormeuses*, en peignoirs, où les plus riches dentelles de Bruxelles et d'Alençon serpentaient en festons, se relevaient en tuyaux, en touffes inappréciables, ne pouvaient fixer son attention mélancolique. Je crus en reconnaître l'objet dans un jeune homme qui venait d'entrer, et qui marchandait des cravates à l'autre extrémité du magasin, en chuchotant avec la petite lingère qui les lui faisait voir. J'aurais pu croire qu'un billet qu'il lui remit et qu'elle cacha dans son fichu était arrivé à son adresse, si je n'avais surpris en même tems des regards furtifs qui m'indiquaient sa véritable destination. Quelqu'étranger que je sois depuis long-tems à un pareil langage, j'en ai cependant conservé l'intelligence. Je ne fus donc pas étonné de voir la gentille ouvrière s'approcher de la jeune demoiselle, et, tout en lui montrant des *pélerines à la vestale* d'un goût tout-à-fait nouveau, lui glisser, avec une adresse qui aurait défié les cent yeux d'Argus, le billet mystérieux, dont la vue fit monter un pied de rouge au front pâle et charmant de la triste fiancée. A ce signal, auquel le jeune homme ne se méprit pas, il sortit en saluant, avec un air poli, mais réservé, Mme la baronne, qui l'apercevait pour la première fois, et qui partagea entre lui et sa fille un regard courroucé où je trouvai le texte d'une foule de conjectures.

Je croyais être le seul qui se fût aperçu de ce petit manége, et je me félicitais intérieurement de ma pénétration. Un homme de moyen âge, appuyé sur le comptoir, où il attendait son compte, me dit en frottant avec malice les verres de ces lunettes : « Vous avez beau observer, il se passe ici des choses que vous ne voyez pas. Cette petite fille vient de vous surprendre par son adresse à remettre un billet doux; vous avez peine à concevoir qu'avec ces yeux bleus, avec ces grandes paupières qui se baissent avec tant de modestie, avec des manières si ingénues, si enfantines, on soit aussi rusé ? Que penserez-vous donc quand vous saurez que depuis que nous sommes là elle a déjà donné deux rendez-vous, sans préjudice des engagemens plus sérieux qu'elle a depuis six mois avec un vieux chef de bureau, qui prend à elle beaucoup d'intérêt ? Vous n'avez pas remarqué, j'en suis sûr, un petit homme en cravate noire, qui est resté collé contre la vitre pendant dix minutes. Un des mouchoirs de l'étalage, dérangé avec intention, lui a permis de compter les doigts de la main que l'on a étendue vers lui, pour lui faire connaître l'heure où l'on se propose de sortir. Cet officier en redingote polonaise, qui est venu il n'y a qu'un moment acheter des *madras*, a été averti par elle qu'il doit l'attendre dans son cabriolet au moment du feu d'artifice de Tivoli, où son chef de bureau doit la conduire, et pendant lequel il serait possible qu'il la perdît dans la foule.

» Vous doutez-vous (continua-t-il en se rapprochant de moi) que cette grande brune, tout auprès de vous, dont la mise se distingue ici même par son extrême simplicité, ait déjà ruiné un entrepreneur des vivres et deux agens de change? Que cette même grisette, en bavolet et en tablier blanc, qui joue à ce comptoir un rôle d'ingénuité, possède un très-joli hôtel au faubourg Poissonnière, et qu'à sept heures du soir elle y dispute de luxe et d'élégance avec les femmes les plus riches de Paris?

» Sa voisine de gauche, dont l'air est si moqueur et la physionomie si espiègle, a des habitudes plus conformes à son état, et des mœurs plus excusables, sans être plus régulières. Etrangère à tout calcul d'intérêt, elle ne prend conseil que de son cœur, lequel n'a d'autre tort que de lui en donner trop souvent de nouveaux. Hors du magasin, où elle travaille avec beaucoup d'assiduité, on ne la rencontre qu'au pourtour de l'Ambigu-Comique ou dans les bosquets du Jardin-Turc : c'est la Ninon des grisettes. Elle compte déjà plus d'un Lachâtre dans ses conquêtes.

» Voulez-vous un contraste du genre le plus aimable? Regardez à la place habituelle de la maîtresse de la maison, cette jolie fille en tablier noir, qui ne voit rien de ce qui se passe autour d'elle, que rien ne distrait de son ouvrage : c'est la fille d'un militaire tué à la bataille d'Eylau. Sa mère a long-tems sollicité la faveur de la faire entrer aux Orphelines de la Légion-d'Honneur; malheureusement elle s'est trouvée trois fois en concurrence avec la nièce d'un premier commis de la guerre, avec la fille d'une actrice, et avec la cousine d'un commissaire-ordonnateur; elle n'a pu parvenir à obtenir une place où elle n'avait d'autre droit que le sang de son père. Le travail de cette aimable enfant, vrai modèle de piété filiale, est aujourd'hui la seule ressource qui reste à sa mère; elle trouve le moyen d'en doubler le produit en se chargeant de la tâche de ses compagnes, qui n'ont trouvé que cette manière de lui faire accepter leurs secours. Toujours la première à l'ouvrage, elle ne le quitte qu'au moment où l'on ferme le magasin, pour aller se livrer auprès de sa mère à d'autres occupations qu'elle met au nombre de ses délassemens. Cette conduite exemplaire n'attire point sur elle des regards dont elle ignore même le danger, et ne lui laisse d'autre perspective qu'une vie laborieuse et obscure; à moins pourtant que le fils de la maîtresse de cette maison, qui m'a souvent parlé de cette jeune fille, n'ait le bon esprit de découvrir en elle toutes les vertus, toutes les qualités qui ne peuvent manquer d'en faire un jour la plus aimable épouse et la plus vertueuse mère de famille.

» Telle est, Monsieur, l'histoire d'une classe de femmes dans laquelle se trouve un assez grand nombre d'exceptions honorables de la nature de celle que je viens de vous citer; un extérieur décent, des occupations sédentaires, des habitudes modestes, leur attirent une espèce de considération dont plusieurs sont véritablement dignes, et qui les place au premier rang de ce qu'on est convenu d'appeler des grisettes....... »

Mon *Cicerone*, qui s'apercevait du plaisir que je trouvais à l'écouter, m'en eût appris davantage, si Mme de Lorys, dont les emplettes étaient terminées, ne m'eût appelé pour assister aux comptes, et pour faire avec moi le dénombrement des articles destinés à rajeunir ma toilette. Je ne voulus pas quitter celui qui m'avait donné avec tant d'obligeance d'utiles renseignemens, sans savoir où je pourrais le retrouver: la connaissance d'un pareil homme me parut bonne à cultiver, et j'ai lieu de croire que mes lecteurs, auprès de qui je veux introduire ce singulier personnage, me sauront gré de le faire intervenir quelquefois dans mes observations sur les mœurs de la capitale, qu'il a étudiées d'une manière tout-à-fait nouvelle.

A. Desenne del. C. Johannot sc.

N° VII. — *4 septembre* 1815.

LES BORDS DE L'ORÉNOQUE.

. . . . . . *Quid trepides in usum*
Poscentis ævi pauca?
HOR., Od. 8, lib. 2.

Pourquoi tant d'inquiétudes pour une vie qui demande si peu?

L'HOMME est né pour vivre en société, je le crois; mais le bonheur dont sa condition est susceptible ne se trouverait-il pas entre les deux extrêmes de l'état si improprement appelé de nature, et le plus haut degré de civilisation? C'est ce qu'il est permis de soutenir à tout homme qui a passé une partie de sa vie avec des Caraïbes, et l'autre avec des Parisiens. Il y a longtems qu'on a dit qu'on ne sentait jamais mieux le prix de la santé que lorsqu'on était malade; j'éprouve en ce moment qu'il faut vivre au milieu du tumulte et de l'agitation d'une grande ville, pour apprécier le calme et le repos de la solitude.

Je conçois tout le ridicule qu'il y aurait à renouveler d'anciennes disputes pour ou contre la civilisation européenne ; tout est dit sur ces paradoxes philosophiques, où je ne vois encore de bien prouvé que l'éloquence de ceux qui les ont soutenus. Je remarque d'abord que les apôtres les plus zélés de l'état de nature en ont toujours parlé fort à leur aise, et que c'est au milieu des peuples civilisés qu'ils connaissaient bien, qu'ils nous ont fait de belles dissertations sur les sauvages qu'ils ne connaissaient pas. Le chef de cette école anti-sociale, Rousseau, jugeait des plaisirs que les Hottentots et les Iroquois doivent trouver à vivre dans les forêts, d'après ceux qu'il avait goûtés lui-même dans les bois de Montmorency et d'Ermenonville; il déclamait contre le luxe dans le salon de la maréchale de Luxembourg; et parce qu'il trouvait que tout allait assez mal dans le grand monde où il vivait, il en concluait que tout devait aller bien dans un état de choses absolument contraire. Il le soutint, mais il ne fut cependant pas tenté d'en faire l'expérience.

Je l'ai faite; je me suis séquestré d'un monde où j'avais vécu; j'ai brisé des habitudes prises, j'ai déraciné de mon esprit des préjugés que j'avais appris à regarder comme des maximes positives, et, après avoir examiné la question pendant une quarantaine d'années, je suis arrivé à croire qu'il y a plus de plaisirs dans l'état civilisé et moins de maux dans l'état sauvage; plus de besoins, et par conséquent plus de crimes dans le premier; moins de rapports, moins de devoirs, et par conséquent moins de vertus dans l'autre; en un mot, que, pour qui place le bonheur dans le repos, dans l'innocence et dans la liberté, il vaut mieux être né sur les bords de l'Orénoque qu'aux rives de la Seine. Rousseau, quoi qu'il en dise, eût été le plus malheureux des hommes si le sort l'eût réduit à faire sur lui-même l'application de ses théories. Combien de fois j'ai ri sur ma natte, en songeant à la figure qu'il eût faite à ma place au fond des déserts de la Guiane, obligé de s'extasier tout seul sur les beautés de la nature, sans trouver un archevêque pour fulminer des mandemens contre lui, un sénat de Genève pour l'exiler, un Opéra pour jouer ou refuser ses pièces; sans trouver, en un mot, personne pour l'admirer ou même pour le persécuter! Rousseau, dans cette position, serait resté méconnu comme le chevalier de Pageville ; et, probablement, avec les moyens et le besoin de la célébrité, il eût été beaucoup plus à plaindre.

Le pays des Zangaïs,* que j'habitais au bord de l'Orénoque, est une de ces contrées où la nature semble avoir voulu réunir, dans un espace de quelques lieues, toutes ses richesses et toutes ses merveilles. Sans l'aversion que certaines gens m'ont fait prendre pour le genre descriptif, je sens que j'aurais de la peine à résister au plaisir de faire connaître à mes lecteurs cette vallée délicieuse, où me rappellent de si tendres et de si douloureux souvenirs.

J'y fus amené par une douzaine de Caraïbes qui me rencontrèrent aux environs du lac Amio, où j'avais d'abord eu l'intention de m'établir. En pays civilisé, j'aurais pu craindre qu'on ne vît en moi qu'un honnête espion diplomatique, et qu'on ne me fît juger militairement, en attendant que mon ambassadeur daignât me réclamer. Les sauvages ne sont pas aussi avancés en politique : un étranger pour eux n'est qu'un homme ; ils punissent le mal qu'on leur fait, et non celui qu'on pourrait leur faire.

* Les Espagnols les nomment Maypouras.

Je n'eus pas plutôt manifesté l'intention de me fixer parmi eux, qu'ils m'aidèrent à bâtir une cabane et l'approvisionnèrent de tous les objets utiles. Pendant quelques jours, ils m'apportèrent du gibier confit dans le miel et des patates, en échange des colliers de verre et de mille bagatelles dont j'étais amplement fourni, et auxquelles ils paraissaient d'abord attacher beaucoup de prix. Mais les goûts de la vanité s'usent bien vîte chez les sauvages, et les besoins de la nature s'y renouvellent aussi souvent qu'ailleurs. Je ne tardai pas à m'apercevoir qu'ils se lasseraient de fournir à ma subsistance, et qu'il faudrait bientôt songer à y pourvoir moi-même.

Une semaine s'était à peine écoulée depuis mon arrivée chez les Zangaïs, dont je commençais à comprendre le langage, que le chef de la tribu, le vieux Atalego, entra un matin dans ma cabane, et, me présentant un arc, un casse-tête, des filets et une jeune fille nommée Amioïa, qui faisait partie de son cortège : « Paul, me dit-il, nous t'avons jusqu'ici traité comme un voyageur, et nous t'avons donné l'hospitalité. Aujourd'hui tu deviens un des nôtres; reçois donc, en signe d'adoption, une femme pour te servir et t'aimer, un filet pour te nourrir, et des armes pour nous défendre. » Cela dit, le fils du grand Fleuve me donna le singulier baiser d'usage, s'assit sur ma natte, et nous fumâmes au même calumet.

J'étais jeune, adroit et vigoureux; et à ces qualités utiles dans mon nouvel état de sauvage, je joignais quelque connaissance, et une industrie que je pouvais y appliquer d'une manière avantageuse pour moi et pour la petite société dont je devenais membre. Je ne tardai pas à me faire remarquer dans l'art de construire et de conduire une pirogue; je devins bientôt aussi habile à manier un arc que je l'étais à me servir du fusil. Le succès que j'obtins dans une de nos expéditions guerrières me valut l'honneur de voir décorer ma hutte d'une douzaine de chevelures enlevées à nos ennemis, les Otomacas, et me donna dans la tribu une grande considération que le tems ne fit qu'accroître.

Destiné à vivre dans ce pays, mon premier soin fut d'en connaître les lois; celles des Zangaïs sont aussi simples que leurs mœurs : le code de ce pays n'est pas plus long qu'un de nos bulletins. Tous les grands intérêts de l'Etat sont réglés par l'assemblée des chefs, présidée par l'*ancien de la tribu ;* celui-ci décide la paix ou la guerre, sur la demande des premiers.

La guerre décidée, les Zangaïs en état de porter les armes se rendent au bord du grand [illegible] ; ils se choisissent un chef, marchent à la rencontre de l'ennemi, le combattent, imposent la loi s'ils sont vainqueurs, et la reçoivent s'ils sont vaincus. Si pourtant cette loi leur paraît trop dure, un noble désespoir s'empare d'eux : ils brûlent leurs habitations, enlèvent leurs femmes, leurs enfans, détruisent leurs plantations, et ne laissent aux vainqueurs que des débris et des ruines. Pendant le tems que dure leur exil, ils laissent croître leurs cheveux comme des femmes, brisent leurs flèches devant leur *fétiche*, qu'ils couvrent de terre, et mettent à mort le guerrier qui les commandait.

Les travaux se partagent entre les deux sexes, conformément aux vœux de la nature : les hommes construisent les cabanes, font la guerre, vont à la chasse et à la pêche; les femmes tressent des nattes, évident des calebasses, préparent la liqueur du cocotier, et veillent aux soins des enfans.

Les fêtes sont des jeux publics où chacun vient

montrer sa force et son adresse ; le vainqueur, s'il n'est pas marié, a le droit de se choisir une femme parmi toutes les filles de la tribu.

Le passage suivant, que j'extrais de mon journal, achèvera de faire connaître un peuple dont j'aurai souvent occasion de comparer la barbarie des mœurs avec la civilisation des nôtres.

22 janvier 1788.

Nous avons essuyé cette nuit un ouragan terrible : le torrent de la montagne s'est débordé avec une telle violence, que nous n'avons eu que le tems de nous réfugier dans notre habitation d'hiver.*

La veille, on avait aperçu un jaguar ** sur le revers de la montagne. A la pointe du jour, nous nous sommes mis en course pour l'attaquer dans son repaire. Amioïa voulait absolument me suivre avec l'enfant qu'elle allaite ; j'ai exigé qu'elle restât à la case : elle a pleuré sur mes flèches.***

* Les sauvages de cette partie de la Guiane habitent sur les arbres dans la saison des pluies.

** Espèce de tigre.

*** Les Caraïbes sont persuadés que les larmes d'une femme rendent mortelles les blessures de leurs armes.

Nous avons poursuivi le jaguar pendant plusieurs heures : blessé par Zaméo, l'animal furieux s'élançait sur lui ; je l'ai atteint d'une flèche à la tête; il est resté sur le coup.

Au retour de la chasse, nous nous sommes tous rendus, suivant l'usage, au *carbet* d'Atalégo. L'ancien de la tribu, au pied duquel nous avons déposé notre chasse, a prononcé à haute voix la prière au grand serpent. En la répétant comme les autres, je ne fais que donner un nom plus noble au grand être à qui elle s'adresse.

Le vénérable Atalego s'assied ensuite sous le grand palmier pour rendre la justice.

Un Zangaïs avait fui dans le dernier combat : il ordonna que sa femme, ses enfans et ses armes lui seraient enlevés, jusqu'à ce qu'il eût lavé sa honte dans le sang des ennemis.

Un vieillard accusa son fils Atiboë de l'avoir mis hors de sa cabane, et de refuser de le secourir. « C'est donc à moi de prendre ce soin, dit Atalégo ; car je suis le père de tous les Zangaïs ; mais Atiboë vieillira ; ses enfans apprendront comme il a traité son père, et il recueillera l'ingratitude qu'il a semée. » Atiboë prit son vieux père dans ses bras et le reporta dans sa cabane.

Deux jeunes Zangaïs se présentèrent ensuite : tous deux réclamaient la propriété d'un prisonnier otomacas, que chacun disait avoir fait. Atalégo se fit amener le prisonnier. « Si nous n'avions pas aboli, leur dit-il, la coutume adoptée par nos aïeux de manger les prisonniers faits à la guerre, je partagerais celui-ci, et je vous en donnerais à chacun la moitié; mais puisque cet usage n'existe plus parmi nous, et que vous réclamez tous deux, à titre d'esclave, un homme qui ne peut avoir qu'un maître, je lui rends la liberté, pour que sa présence en ces lieux ne soit pas entre vous un sujet continuel de discorde. »

Un des parens de l'ancien de la tribu avait acheté d'un Zangaïs sa pirogue, ses palmiers et ses nattes : il réclamait encore ses armes et sa cabane que celui-ci lui avait également vendues. Le grand chef annula cette partie du marché, et motiva son arrêt sur ce qu'un homme avait le droit de disposer de son superflu, et ne pouvait, même volontairement, se priver du nécessaire.

Le soleil avait atteint la cime des cocotiers, lorsque je suis rentré dans ma cabane. Ma chère Amioïa m'attendait dans l'enclos d'arbustes qui entourait notre habitation : elle y avait préparé notre repas du matin, et je l'ai trouvée balançant le berceau de sa fille, qu'elle avait suspendu entre deux citronniers sauvages.

J'ai déjà acquis la preuve qu'on oublie plus facilement ses plaisirs que ses chagrins. C'est donc pour rappeler un jour à ma mémoire les plus doux momens de ma vie, que je cherche à me rendre compte du sentiment délicieux que j'éprouve dans le hamac où je m'endors sans souci de la veille, sans inquiétude du lendemain, entre les objets de mes plus douces affections.

Les cris du pimalot,* qui ne se font entendre que lorsque la grande chaleur est passée, m'ont averti de l'heure de la pêche. Nous nous sommes tous embarqués sur ma grande pirogue, où j'essayais pour la première fois d'adapter des voiles que nous avions fabriquées avec les débris de ma garde-robe européenne. Le courant du fleuve nous emportait assez vite : nous n'avons fait usage de notre voilure que pour le retour. Nous remontions le fleuve après avoir fait une excellente pêche. Des cris aigus se font entendre

* Oiseau de l'Amérique méridionale.

dans le bois que nous côtoyons; nous approchons du rivage, je saute à terre, Zaméo me suit, et nous trouvons une femme que des sauvages d'une tribu voisine s'efforçaient d'entraîner dans la forêt. Notre attaque, aussi brusque qu'imprévue, met en fuite les ravisseurs. Cette femme, à qui la frayeur prête des ailes, court vers le fleuve, et se jette dans notre barque, où la bonne Amioïa s'empresse de la recevoir et de la rassurer. Nous la suivons de près, et nous remettons à la voile.

Cette femme se nomme Ottaly : c'est une jeune mulâtresse née à Cayenne; elle avait été achetée par un planteur espagnol dont l'habitation est très-enfoncée dans les terres. Quelques Indiens d'une peuplade antropophage l'avaient enlevée, et se préparaient sans doute à lui donner la mort lorsque le Ciel nous a envoyés à son secours.

Notre retour à la voile a été une espèce de triomphe. Vingt pirogues sont venues au-devant de la nôtre, et notre pêche a été si abondante, que nous en avons distribué la plus grande partie.

Atalégo, à qui nous avons présenté Ottaly, est venu prendre part à notre repas du soir, pendant lequel Amioïa et Zaméo ont chanté des airs zangaïs en s'accompagnant d'une espèce de guitare à trois cordes, de mon invention.

Après avoir allumé des feux autour de la cabane, pour écarter les nuées de moustiques que l'extrême chaleur avait fait éclore, nous avons fumé le calumet en buvant la liqueur enivrante du cocotier, et nous nous sommes endormis sur des nattes jusqu'au retour de l'aurore, qui doit nous ramener les mêmes travaux et les mêmes plaisirs.

A ce tableau d'*Une Journée aux bords de l'Orénoque*, j'ai l'intention d'opposer la peinture d'*Une Journée aux rives de la Seine*.

N° VIII. — 25 *septembre* 1815.

LES HOMMES DE LOI.

Au barreau, protégeant la veuve et le pupille,
C'est là qu'à l'honorable on peut joindre l'utile;
Sur la gloire et le gain établir sa maison,
Et ne devoir qu'à soi sa fortune et son nom.

PIRON, *Métrom.*, act. 3, sc. 7.

« MAITRE (me disait il y a quelques jours Zaméo, que j'avais conduit au Palais pour y faire quelques emplettes), comment s'appelle cette grande maison que nous parcourons, et qui est habitée par des hommes si singulièrement vêtus? — Mon ami, ce vaste édifice se nomme le Palais. — C'est donc là que demeure le grand chef? — Non, c'est là que se rend la justice; et ces hommes en robes rouges et noires sont des magistrats, des gens de loi, dont les uns dispensent la justice que les autres réclament. — Il n'y a donc ici que des honnêtes gens? —

C'est le plus petit nombre, comme partout ailleurs. La chicane habite aux mêmes lieux que la justice; on y exerce le plus noble ministère ou le plus indigne métier; on y admire la plus belle institution des peuples civilisés, et l'on y maudit les abus sans nombre qui la déshonorent. Dans cette salle où l'on défend aujourd'hui la veuve, on spoliait hier l'orphelin; dans cette autre où le crime trouve aujourd'hui sa punition, l'innocence, demain, peut se voir condamnée. L'un vend sa conscience; l'autre se voue à la misère plutôt que de la trahir : celui-ci s'applaudit, en montant en voiture, d'avoir soustrait un grand coupable à l'échafaud; celui-là gémit, en s'en retournant à pied, de n'avoir pu sauver un innocent. » Zaméo ouvrait de grands yeux, et, sans rien concevoir à ces étranges contrastes, voulait savoir pourquoi cette classe d'hommes était habillée si différemment des autres citoyens. Je lui appris que, dans le 13e et dans le 14e siècles, la grande robe était le signe distinctif de la science, et que les hommes de loi avaient cru devoir conserver, dans l'exercice de leurs fonctions, un costume imposant par sa gravité.

Tout en causant, nous nous arrêtâmes dans une des galeries devant la boutique d'une marchande mercière, pour y faire l'emplette de ces *mules du palais* dont l'ancienne réputation, comme celle de certains écrivains, pourrait bien être le seul mérite. Auprès du comptoir, dans un grand fauteuil de cuir noir, était enfoncé un petit homme qui paraissait être un ancien habitué du magasin, et pour le moins un vieil ami de la marchande. Sa petite perruque ronde, ses gros sourcils noirs, sur lesquels se détachaient de longs poils gris, ses petits yeux vairons, son large nez barbouillé de tabac, son habit noir, dont la manche gauche était visiblement sillonnée par les traces de la plume qu'on y avait essuyée, une certaine odeur de greffe qui s'exhalait de toute sa personne, trahissaient en lui l'un des plus déterminés suppôts de la chicane; mais comme sa physionomie ainsi que ses discours participaient de la malice d'un procureur, de l'argutie d'un avocat, et de l'indifférence d'un vieux juge, je ne devinais pas encore à quelle branche de l'organisation judiciaire il pouvait appartenir : je multipliai mes emplettes pour avoir plus de tems à observer ce singulier personnage, dont la profession me fut tout-à-coup révélée par lui-même : « Et vîte, et vîte ma robe et ma toque, dit-il à la marchande; je vois un de mes confrères en habit de garde national, l'occasion est belle pour prendre un *défaut* contre lui; je cours à la 5e chambre faire appeler l'affaire : ce sera toujours un jugement de plus sur le mémoire des frais. » J'eus de la peine à cacher un petit mouvement d'indignation; l'honnête procureur (car il n'y avait plus moyen de s'y méprendre) avait passé sa robe à la hâte, et se disposait à sortir quand un hasard, dont j'étais loin de prévoir les suites, lui fit entendre mon nom et mon adresse, que je donnais à la marchande. « Le chevalier de Pageville (s'écria-t-il avec un mouvement de surprise et de satisfaction)! Seriez-vous parent du marquis de Pageville qui avait des terres en Bourgogne? — C'était mon père. — Enchanté de revoir le fils d'un homme aussi respectable; je me nomme Dufain, et j'ai hérité de la liquidation des affaires de feu Mme la comtesse de Savignac; vous vous rappelez sans doute un procès à la poursuite duquel mon aïeul et mon père sont morts? — Dieu veuille avoir leur ame et la vôtre, lui répondis-je avec un peu d'humeur; je ne connais point votre comtesse, et je n'ai jamais eu de procès. — Il est encore tems, » me dit-il avec un souris sardonique; et il sortit pour aller prendre son *défaut*.

Je ne pensais plus à M. Dufain, que j'espérais bien avoir vu pour la première et dernière fois de ma vie, lorsque, le lendemain de ma promenade au Palais, je vis entrer dans ma chambre un homme d'une figure sinistre, lequel tira de sa poche un petit papier qu'il glissa honteusement sur ma table, et, sans attendre que je l'interrogeasse : « Je suis huissier, pour vous servir, me dit-il; je viens à la requête de M. Dufain, avoué près la cour royale, et fondé de pouvoir de feu Mme la comtesse de Savignac. — Eh bien! que me veut-il, votre M. Dufain? — L'exploit ci-joint, dont le coût est de 3 f. 50 c., vous instruira de la demande qu'il forme contre vous, par suite d'un procès en instance depuis 97 ans. » Je ne savais si je devais rire ou me fâcher de cette impertinente visite. L'huissier ne me laissa pas le tems de me décider, et sortit à reculons en me saluant à plusieurs reprises.

J'essayai d'abord de lire l'exploit, pour savoir de quoi il s'agissait; il me fut impossible d'en déchiffrer deux lignes: tout ce que je pus découvrir, c'est que j'étais assigné, *de par le Roi*, qui ne s'en doute certainement pas. Ce grimoire infernal, ce commerce de papier timbré, qu'on paie cent fois sa valeur, est une des plus odieuses inventions de cette foule de vampires immatriculés qu'il fait vivre.

Comment, me disais-je (en réfléchissant avec inquiétude sur les suites d'un procès que je craignais d'autant plus que je ne savais pas même de quoi il était question), c'est chez le peuple d'Europe le plus anciennement policé, qu'un misérable, pour trois livres dix sous qu'il me fait payer, acquiert le droit de m'enlever à mon repos, à mes affaires, et de me faire comparaître devant un tribunal où quelqu'autre faquin, constitué mon adversaire, pourra me diffamer impunément, ou du moins égayer à mes dépens la cour et l'auditoire, s'il croit servir par-là les intérêts d'un client aux gages duquel il a mis son éloquence! Quelle est donc cette sauve-garde des lois qui laisse la tranquillité, l'honneur, la fortune d'un citoyen à la merci de quiconque veut l'attaquer dans les formes juridiques? Mes réflexions augmentaient mes inquiétudes; je courus en faire part à Mme de Lorys, qui s'amusa un moment de ma frayeur, et me conduisit chez son avocat.

M. Dorfeuille est un homme d'une cinquantaine d'années, digne émule des Gerbier et des Baumont, et qui jouit, comme ses célèbres devanciers, de la double réputation d'un grand talent et d'une grande probité. Aussi habile jurisconsulte qu'éloquent orateur, il ne se fait pas moins remarquer dans une grande cause criminelle que dans une importante question de jurisprudence civile. Il n'est point étranger à la littérature, qui prête à son éloquence cette élévation d'idées et de sentimens dont elle tire sa plus grande force. « Les beaux-arts, dit Voltaire, élèvent l'ame, et la culture de l'esprit, en tout genre, ennoblit le cœur. »

Nous traversâmes plusieurs pièces, richement décorées, avant d'arriver au cabinet de M. Dorfeuil, où le luxe de la mode se fait peut-être un peu trop remarquer. Plusieurs personnes attendaient dans le salon : il ne fit aucun passe-droit : chacun entra à son tour, soit qu'il fût arrivé à pied ou en voiture.

M. Dorfeuil, qui ne se pique pas, comme la plupart de ses confrères, d'être un homme du monde dans son cabinet, prit d'abord connaissance de l'affaire qui m'amenait chez lui : il fronça le sourcil lorsqu'il entendit le nom de ma partie adverse. « Vous voilà aux prises, me dit-il, avec le plus grand formaliste (pour éviter de me servir du mot propre) que nous ayions au Palais : c'est un homme qui sait mieux que personne se tenir un peu en-deçà de cette limite étroite au-delà de laquelle la loi peut atteindre un fripon, et comme à beaucoup de talent il joint un grand fonds d'effronterie et une avidité insatiable, on l'envisage comme le fléau des honnêtes gens et la providence des coquins. »

Après avoir parcouru l'assignation que je lui présentai, il la jeta sur son bureau avec colère : « Parbleu, ce Dufain est un grand drôle! s'écria-t-il; il est évident, même d'après son exposé, que vous ne devez pas un sou à cette marquise de Savignac; et, néanmoins, je vois dans cet exploit tous les élémens d'un procès de nature à ruiner un fermier-général. — Eh quoi, Monsieur, lui répondis-je, vous vous vantez d'avoir des lois! vingt siècles ont à peine suffi pour les mûrir, vous avez passé quarante ans de votre vie à les étudier; et je puis craindre qu'un aigrefin non-seulement les élude, mais s'en serve, à la face des tribunaux, pour me ruiner, quand j'aurai pour moi la bonté de ma cause, l'évidence de mes droits, la probité de mes juges et le talent de mon avocat! Il y aurait de la faiblesse à le craindre et de la démence à le croire. — Je raisonnais ainsi avant d'avoir plaidé ma première cause : l'expérience m'a rendu plus craintif. Quoi qu'il en soit, j'ai l'espérance de démontrer clairement l'infamie de l'action qu'intente aujourd'hui Dufain contre vous. La redevance qu'il réclame a d'ailleurs subi les délais de la prescription; et sa demande, fût-elle fondée en fait, ne le serait pas en droit. — C'est un moyen dont je ne veux pas me prévaloir; je pense qu'il est toujours tems d'obtenir et de demander justice. — Rien n'est à négliger avec les gens à qui nous avons affaire; je vais examiner ces papiers, et vous pouvez compter sur mon zèle. Vous n'avez pas d'avoué? Je pense que vous ne pouvez mieux faire que de voir M. Datès, dont voici l'adresse. Vous vous y présenterez de ma part, et vous lui porterez le dossier, en lui recommandant de se mettre en règle. Je vous aurais accompagné chez lui, pour nous entendre sur les premières démarches; mais je suis obligé de me rendre au collége électoral de mon arrondissement, dont je suis secrétaire, en attendant mieux. » M. Dorfeuil prononça cette dernière phrase avec une importance où perçait une lueur de fatuité. Il nous avait reçus en homme de loi; il prit congé de nous en homme d'état.

Ce ridicule n'échappa pas à la femme de Paris la plus habile à le saisir. « Vous voyez, mon vieux Sauvage, me dit Mme de Lorys, qu'il n'y a pas de si bonne tête qui n'ait une case pour y loger au moins un petit travers; celui de l'importance s'est niché depuis peu dans le cerveau de M. Dorfeuil. Séduit par l'exemple de quelques-uns de nos avocats qui ont figuré, les uns si honteusement, les autres si malheureusement, dans nos assemblées publiques, il se croit appelé aux honneurs de la tribune; et peu satisfait d'appliquer les lois faites à la défense des intérêts privés, il aspire à la gloire d'en faire de nouvelles. — Eh bien, madame, peut-on blâmer ces messieurs de prendre pour modèle ce Cicéron, auquel les comparent si souvent ceux dont ils gagnent les causes? Ce célèbre avocat romain n'a-t-il pas été sénateur et consul ? n'a-t-il pas été appelé le père de la patrie? Pourquoi ses disciples n'auraient-ils pas la même ambition ? Les hommes de loi se regardent comme des législateurs *au petit pied;* ils ont plaidé, comme *maître le Dain*, du *côté du greffe;** ils plaideront maintenant du *côté de l'Etat:* ils ont défendu Milon et Roscius à la barre d'un tribunal; ils attaqueront tout aussi bien Catilina à la tribune. Partout où l'on parle, partout où l'on dispute, la place des avocats est marquée, à moins pourtant qu'on ne tienne à s'entendre le plus promptement possible. »

Tout en causant en voiture, nous arrivons chez l'avoué Datès : nous voilà dans *l'étude*. Que ce lieu est sombre! qu'il inspire de tristes pensées! En parcourant, d'un coup-d'œil, ces énormes *casiers* remplis de dossiers poudreux, je me figure que la ruine de cent familles est peut-être juridiquement établie sur ces morceaux de papier timbré. De larges étiquettes leur servent d'indices. On lit : *Affaire Gros-Jean, demandeur, contre Petit-Pierre, intimé.*

* VOLTAIRE, *Dictionnaire philosophique*.

Arbitrage dans l'affaire de Solange. Première instance dans l'affaire Dubreuil, etc.

Au milieu de ces archives de la chicane, une douzaine d'élèves procureurs assignaient de toute la vîtesse de leur plume, et sans faire à nous la moindre attention; le maître-clerc, à qui nous nous adressâmes, nous introduisit dans un cabinet qui ne différait de l'étude que par ses dimensions : nous y trouvâmes M. Datès assis devant un énorme bureau couvert de papiers, séparés et maintenus par des plaques de marbre, ayant sous sa main un Code civil, une ordonnance de 1667 avec ses commentaires, un Répertoire de jurisprudence et le tableau des avoués. Le seul ornement de cette pièce était un portrait de M. le procureur, peint par Durand, à une époque où il n'était encore que maître-clerc dans cette même étude que sa défunte femme lui a apportée en dot. M. Datès est un homme froid, sévère, exact, qui appelle probité tout ce que la loi autorise, et qui ne connaît de crime que ce qu'elle défend. Il m'expliqua fort bien sur quels points de droit, sur quel vice de forme, mon adversaire fondait ses prétentions, et me prouva la nécessité d'éclaircir les faits aux yeux des juges par un premier mémoire. Je l'autorisai à faire ce qu'il jugerait convenable. Il rangea mes pièces par ordre, les attacha avec un fil rouge, et les recouvrit d'un papier sur lequel il écrivit : *Affaire Pageville, contre feu la marquise de Savignac, demanderesse.* Cette petite opération achevée, il promit de me faire prévenir du jour où l'affaire serait appelée. Dès-lors, me voilà rangé dans cette classe de malheureux plaideurs qui courent la chance d'être ruinés tout-à-fait s'ils perdent leur cause, et ruinés en partie s'ils la gagnent. Je ne vois qu'un avantage à tirer de cette triste aventure, c'est d'apprendre ce que c'est qu'un procès, et de faire part à mes lecteurs, qui auront plus long-tems à en profiter, des connaissances tardives que je vais acquérir.

N° IX. — 9 *octobre* 1815.

LA FÊTE DE SAINT-CLOUD.

Quel tems choisissez-vous pour nous parler de fête ?

QUINAULT, *Prol.*

JE commence par répondre à la question que je m'adresse à moi-même dans mon épigraphe : je parle de fêtes dans les circonstances où nous nous trouvons, parce qu'on en donne, et que, pour qui s'exerce à peindre les mœurs françaises, un pareil trait de caractère est, à lui seul, un tableau.

Ce que les vrais Parisiens redoutent le plus au monde, après la famine, ce sont les voyages : le pays étranger commence pour eux à quelques toises au-delà des barrières, et une sorte d'inquiétude les saisit au moment où ils n'aperçoivent plus les paternelles tours de Notre-

Dame; aussi, dans les fêtes de campagne, qu'ils aiment beaucoup, et qu'ils mettent au premier rang de leurs plaisirs, ont-ils soin de ne pas s'éloigner assez pour perdre de vue ces clochers protecteurs.

Le 10 du mois dernier, je me promenais seul sur les boulevarts; le tems était superbe, et la chaussée était couverte de voitures, qui toutes se dirigeaient vers les Champs-Elysées; en cherchant à m'expliquer ce mouvement extraordinaire, à une heure de la journée où le beau monde ne se montre pas habituellement, je devinai que cette affluence devait avoir pour objet quelque fête patronale, sans pouvoir me rappeler quelle était celle qui jouissait d'une pareille vogue. Un souvenir qui vous échappe en fait naître un autre; je me souvins que le poète Le Mierre, avec qui j'avais fait mes études au collège des Grassins, était, de son tems, l'homme de France le plus au courant des fêtes de la banlieue : ce La Fontaine de l'amour-propre, qui s'interrompait de si bonne foi pour essuyer les larmes qu'il versait en lisant ses tragédies, se consolait tout aussi naïvement du peu de monde qu'attiraient quelquefois les premières représentations de ses ouvrages : il ne manquait jamais de donner pour raison du vide de la salle, tantôt le bal champêtre de Nanterre, tantôt la fête de Saint-Maure ou la foire de Besons. Je ne sais pas au juste combien de spectateurs ces fêtes de campagne enlevaient aux pièces de Le Mierre, mais il est certain que plusieurs d'entr'elles ont une vogue dont on s'aperçoit dans les salles de spectacle et dans les promenades.

En avançant vers la place Louis XV, les voitures qui se pressaient dans l'allée du Cours-la-Reine, et les cris des cochers : *Saint-Cloud ! Saint-Cloud !* me remirent en mémoire une des plus belles fêtes des environs de Paris. J'avais vu dans ma jeunesse cette fête dans tout son éclat; il me prit fantaisie de comparer mes observations actuelles avec mes anciens souvenirs, et je résolus de me rendre, avec la foule, à Saint-Cloud. J'hésitai un moment sur le choix de la voiture : un carrosse de remise, ou même un fiacre pour moi seul, était trop cher; une de ces petites voitures qui stationnent sur le quai de la Conférence, me semblait trop incommode; une place dans une charrette garnie de paille fraîche et recouverte d'un drap de lit, soutenu par des cerceaux, me paraissait aussi par trop modeste; la vénérable galiote m'offrait tous les avantages d'une voiture douce, sûre et amusante : elle était au moment de partir; les passagers sur le pont attendaient le signal du départ; leur gaîté bruyante retentissait au loin; des colloques s'établissaient entre les voyageurs par eau et ceux de la grande route; ils s'appelaient par des cris, se donnaient rendez-vous chez le traiteur ou dans les différentes allées du parc.

Me voilà embarqué avec une cinquantaine de Parisiens de tout âge, de tout sexe et de toute condition, qui descendaient gaîment la Seine, en se promettant une journée de plaisirs. Les figures les plus comiques, les personnages les plus burlesques, semblaient s'être donné ce jour-là rendez-vous sur la galiote, et je n'aurai pas le singulier amour-propre de croire que je fusse un des moins plaisans de la troupe.

Pour me soustraire un moment au tapage qui se faisait sur le pont, je me retirai dans la chambre des voyageurs; elle était encombrée de femmes, d'enfans, de paquets, et ce ne fut pas sans peine que je trouvai une petite place sur une caisse de vin de Bordeaux, à côté d'un gros homme qui me parut avoir une habitude de galiote dont il tirait peut-être un peu trop de vanité. Nous liâmes conversation; il m'apprit qu'il allait pour la cinquantième fois, par complaisance, à la fête de Saint-Cloud : « C'est un plaisir, continua-t-il, que je ne refuse jamais à ma famille, par la raison que, dans ma jeunesse, mes parens ne me l'ont pas refusé, et que j'ai pour maxime de suivre en tout point les usages de mes pères : d'ailleurs j'ai remarqué que les jeunes gens ont besoin de courir le monde : le peu que je sais, je le dois à mes voyages. » Ce brave homme me mettait sur mon terrain. Je crus voir en lui un moderne Tavernier, et je m'apprêtais à lui parler des Indes, de la Chine, de la Nouvelle-Hollande, lorsqu'il m'apprit que ses courses n'embrassaient guères qu'un rayon d'une dixaine de lieues, à partir de la première borne posée dans le parvis Notre-Dame. « Mon commerce, me dit-il, m'a retenu dans des limites étroites que j'étais naturellement porté à franchir, mais du moins j'ai su profiter de ma longue expérience : je puis me vanter de connaître, au moins aussi bien que feu *l'Hermite de la Chaussée-d'Antin*, les mœurs et les habitudes parisiennes. » Et sur-le-champ, pour me donner une idée de son talent d'observateur : « Vous voyez, me dit-il, ces petites charrettes couvertes qui se suivent à la file ; chacune contient une vingtaine de personnes de la classe des artisans : la famille entière est transportée pour trente sous, et nous allons les trouver, en arrivant, établis sur la pelouse, auprès de la lanterne de Diogène, où ils vont faire à peu de frais un très-modeste et très-agréable repas. Ce léger bockey que conduit une jeune femme, n'appartient pas, j'en suis sûr, au petit commis qui l'accompagne et qui salue, avec tant de grâce, des femmes en calèche qui ne le connaissent pas, pour se donner auprès de sa belle l'air d'un homme répandu dans le grand monde. En rentrant ce soir, il renverra le jockey qui est loué, le cabriolet qui est d'emprunt, et la dame qui en est probablement aussi. Voyez, à côté de cet élégant landaw qui marque sa trace rapide par un tourbillon de poussière, cette modeste voiture dont le nom burlesque est pour les voyageurs une source intarissable de bons mots : un seul cheval y traîne huit personnes entassées comme elles peuvent, et sous différentes dénominations aussi ridicules que celle de l'équipage, dedans, dessus et derrière la voiture. Les propriétaires du landaw vont s'arrêter chez le fameux Griel, les autres chez le traiteur Robert, à l'entrée du pont; il en coûtera quatre ou cinq louis aux premiers, et seulement une douzaine de francs aux seconds, pour un dîner à très-peu de chose près semblable. Le commensal de Griel rit de la pratique de Robert; celui-ci se moque de la famille du tabletier qui entre chez le marchand de vin; le tabletier montre au doigt le garçon tailleur et la petite ouvrière qui mangent une salade sur l'herbe, et ceux-ci regardent en pitié ces pauvres diables qui dînent en se promenant avec des noix et du pain d'épice. »

Les observations du bonhomme ne manquaient pas d'une sorte de justesse. Il avait avec lui toute sa famille, filles, garçons, enfans et petits-enfans. A en juger d'après ce que j'entendais, l'espoir de toute la mercerie de la rue Salle-au-Comte reposait sur les trois générations dont cet honnête citadin était la souche.

Cet entretien, que j'avais intérêt à prolonger, fut interrompu brusquement par un bruit extraordinaire qui nous ramena sur le pont. Un garçon boucher s'était pris de dispute avec un caporal allemand qui, se croyant encore à la tête de son escouade, s'était mis en devoir d'appliquer à son adversaire une correction que celui-ci avait trouvée par trop tudesque, et qu'il avait prévenue par un vigoureux coup de poing qui fit quitter au caporal le plancher de la galiote, et le culbuta dans la Seine. La dispute alors devint générale: chacun prenait parti, et, dans la chaleur de la discussion, oubliait que l'un des deux champions était près de se noyer. Fort heureusement un de nos mariniers, sans attendre que la question de droit fût éclaircie, se jeta dans l'eau pour en tirer le caporal; et comme il y avait quelque inconvénient à remettre ces deux hommes en présence, on les débarqua sur la Grève, où des gendarmes s'en emparèrent, et les conduisirent au poste de la barrière des Bons-Hommes.

Cette aventure suffisait pour nourrir la conversation pendant toute la traversée; mais un nouvel accident vint exciter de plus vives alarmes: à peu de distance du pont de Sèvres, la galiote s'engrave. Jamais navigateurs, battus par la plus terrible tempête, au milieu des rochers de l'Archipel ou sur les *brasses* du Gange, ne se crurent dans un si grand danger. Les femmes, les enfans jetaient les hauts cris; la plupart des citadins, sans être beaucoup plus tranquilles, cherchaient à les rassurer d'un ton à les faire mourir de peur. Les mariniers juraient contre les passagers, en cherchant, à force de *gaffes*, à remettre la barque à flot; et quelques esprits forts, du nombre desquels était le mercier de la rue Salle-au-Comte, gourmandaient la faiblesse des autres avec une affectation de courage tout-à-fait risible. Quelques bateaux vinrent au secours de la galiote; la plus grande partie des passagers y entrèrent, et rendirent grâce au Ciel, en touchant la terre natale, de se voir arrachés, par miracle, aux horreurs du naufrage. Par le fait seul de l'allègement de la galiote, elle fut à l'instant même remise à flot, et ceux qui eurent, ainsi que moi, la témérité de rester à bord, arrivèrent une demi-heure après, et sans autre événement, sains et saufs, à Saint-Cloud.

Chacun prit alors sa destination, et se perdit

dans la foule. Je m'arrêtai sur le pont pour y jouir un moment de cette joyeuse confusion de charrettes, de chevaux, de piétons, de carrosses de toute espèce qui se barraient, qui se disputaient le passage. Ce qui donnait à cette fête un aspect qu'elle n'avait point encore offert, et qu'elle n'offrira plus (du moins devons-nous l'espérer), c'est une réunion d'étrangers qui semblaient s'y être donné rendez-vous de toutes les parties de l'Europe, et que l'on reconnaissait à la forme de leurs voitures, à l'équipement de leurs chevaux, à la diversité de leurs costumes. Je ne pense pas qu'il y ait une seule contrée européenne qui ne fût, ce jour-là, représentée à Saint-Cloud par quelques-uns de ses habitans.

Sans autre but, dans ma promenade, que de voir et d'observer, je passai tour-à-tour en revue les jeux de bague, les fantoccini, les escamoteurs, les charlatans, les ménageries, les escarpolettes et les loteries, où les pontes, en gagnant à tout coup, vident leur bourse dans un quart d'heure. Après quelques tours dans la grande allée, où je vis étalés presque tous les échantillons de l'espèce humaine, je parcourus les belles pelouses du parc, que je trouvai couvertes (comme me l'avait annoncé mon *Cicerone* de la galiote) d'une multitude de convives distribués par groupes autour d'un repas champêtre qu'assaisonnait l'appétit même de ceux qui, ne pouvant y prendre part, laissaient, en passant, tomber un œil de convoitise sur des mets dont la vue leur rappelait qu'ils n'avaient pas dîné.

J'étais de ce nombre. Il était cinq heures, j'entrai chez le fameux Griel. Quel tumulte! quelle affluence! dix ou douze salles et autant de petits cabinets sur la terrasse du côté de la rivière étaient occupés par une foule de gens qui se disputaient les tables, les chaises et les plats. Les garçons injuriés, maudits dans tous les jargons de l'Europe, ne savaient auquel entendre. L'un se voyait enlever par un Russe le macaroni commandé par un Italien; l'autre, au lieu d'un *soufflé* qu'attendait une élégante de la Chaussée-d'Antin, surchargeait sa table d'un énorme *rost beef*, après lequel soupirait une compagnie anglaise.

Je parvins avec beaucoup de peine à me placer dans un des salons, à l'extrémité d'une table où se trouvaient réunis quelques Polonais qui avaient autrefois servi en France. J'ai prêté l'oreille à leur conversation, et j'y ai trouvé tant de plaisir, que je regrette de ne pouvoir le faire partager à mes lecteurs.

Mon dîner fini, je retournai dans le parc. Quelques mots qui se disaient autour de moi me rappelèrent qu'il me restait à voir jouer les eaux. J'allai d'abord à la grande cascade, dont la vue, en me rappelant, par une sorte d'analogie, ces immenses cataractes, au bord desquelles je me suis si souvent arrêté dans mes courses, ne servit qu'à me faire remarquer l'intervalle désespérant que laisseront toujours entr'eux les prodiges de l'art et les plus simples ouvrages de la nature. En mesurant des yeux l'élévation du grand jet-d'eau, j'avais un plaisir puéril à entendre répéter autour de moi que ce jet-d'eau était le dernier effort de l'art, et qu'il n'en existait aucun autre qui s'élevât à une pareille hauteur. J'ai toujours été fier, pour mon pays, de la moindre supériorité; mais comme s'il était écrit qu'on dût nous les envier toutes, un jeune Russe, m'adressant la parole avec beaucoup de politesse, m'assura qu'il se trouvait à l'*Hermitage* (en Russie) un jet-d'eau de dix pieds au moins plus élevé que celui de Saint-Cloud.

La nuit était venue, je revins dans la grande allée; la foule y circulait à peine, entre deux haies de boutiques brillantes, où le luxe des lumières ajoutait ou suppléait dans quelques-unes à l'éclat des marchandises.

Distingués sur la route et à l'heure du repas, tous les rangs, tous états sont gaîment confondus dans le cours de la fête; on y jouit pêle-mêle des jeux, des spectacles que l'on rencontre à chaque pas, et au milieu desquels s'écoule la plus grande partie de la nuit.

N° X. — 16 *octobre* 1815.

LES LIBRAIRES.

Les livres gouvernent le monde ; c'est dire assez de quelle importance est la profession de libraire.

BARBEYRAC.

« ON disait autrefois qu'il existait à Paris trois classes entières d'honnêtes gens, les notaires, les curés et les sergens aux Gardes; on pouvait y ajouter les libraires. Cette corporation jouissait, depuis son origine, de priviléges honorables qui lui furent confirmés, à différentes époques, par de nouvelles ordonnances : elle faisait partie de l'Université, et, en cette qualité, elle était soumise à des réglemens qui maintenaient parmi ses membres une discipline sévère. Les libraires de ce tems-là n'étaient pas seulement d'honnêtes négocians, la plupart d'entr'eux étaient aussi des savans estimables, dont quelques-uns se sont fait un nom dans les lettres. Celui des *Etienne*, des *Robert*, des *Anisson* n'est pas moins célèbre dans les annales de la littérature que dans celle de la librairie.

» Ce fut à la place Cambrai que s'établirent les premiers imprimeurs-libraires (Martin Crantz et Ulric Gering), que Jean de la Pierre, prieur de Sorbonne, fit venir à Paris vers l'an 1469, tout exprès pour imprimer les Epîtres de Gasparini de Bergame, orateur italien, aussi célèbre de son tems qu'il est inconnu du nôtre.

» Ces deux imprimeurs se firent une grande réputation de probité; Ulric Gering, à qui d'utiles travaux avaient procuré une fortune considérable, en employa la plus grande partie à fonder des bourses pour de pauvres écoliers du collége Montaigu, et à encourager les lettres par des avances considérables et des pensions qu'il fit à plusieurs savans dont il avait imprimé les ouvrages.

» Avant l'invention de l'imprimerie, l'état de libraire était plus circonscrit sans être moins important et moins honorable. La transcription des manuscrits leur était confiée par l'Université, qui déléguait une commission choisie parmi ses membres pour vérifier et approuver les exemplaires : les plus riches bibliothèques se composaient alors de *la Bible*, du *Nouveau-Testament* et des classiques grecs et latins. L'achat d'un livre était une affaire importante ; on en passait le contrat pardevant notaire avec les mêmes formalités que l'on mettait à l'acquisition d'un domaine.

» Dans le 17e siècle, les boutiques des libraires devinrent le rendez-vous des beaux-esprits de la capitale; celles de Barbier et de Sercy étaient plus particulièrement fréquentées par les poètes; les érudits se rassemblaient chez Barbin. »

Ces réflexions de mon ami l'Encyclopédiste étaient la suite d'une conversation que nous avions eue en nous promenant sur le boulevart, et qui lui avaient été suggérées par les abus qui se sont introduits dans la librairie, les seuls pour lesquels il ne veuille entendre à aucune compensation.

« Voyez, me disait-il, cet essaim de Normands dont les échoppes garnissent les deux côtés de cette promenade; ces gens-là quittent leur province, où ils vivaient convenablement du métier de porte-balles, pour venir exercer ici la plus nuisible industrie, en vendant, sous le nom de livres, des rapsodies dont ils savent à peine lire les titres. Ces fripiers de la librairie sont en même tems les courtiers de quelques misérables imprimeurs qui spéculent sur la dégradation de nos chefs-d'œuvre littéraires. Ceux-ci calculent, avec une honteuse précision, à quel prix ils peuvent *établir* (pour parler leur langage) un Racine, un Molière, un Boileau, en faisant entrer en déduction de leurs frais la mauvaise qualité du papier, les caractères de rebut, le défaut de marges, et jusqu'à l'incorrection des épreuves qu'ils relisent eux-mêmes: c'est par de semblables pratiques qu'ils parviennent à inonder les quais et les boulevarts de chefs-d'œuvre mutilés, déshonorés, qu'ils vendent à vil prix, au préjudice des bonnes éditions, à la confection desquelles les Didot, les Crapelet ont consacré leurs veilles et leur fortune. »

Nous nous approchâmes d'un de ces étalages, composé de quatre ais de sapin mal joints, sur lequel étaient alignées quelques centaines de brochures grossièrement décorées des noms les plus célèbres. Le marchand, qui se méprit au mouvement de dédain avec lequel je rejetai un volume de Bossuet qu'il m'avait présenté, m'offrit avec une impudence stupide des livres obscènes dont il nous débita, sans reprendre haleine, le long et impertinent catalogue : son érudition, pour cette fois, mit en défaut celle de mon Encyclopédiste. Nous quittâmes ce marchand d'infamie, en l'apostrophant à-peu-près dans les mêmes termes que le bon homme Géronte adresse à M. Tout-à-Bas dans la comédie du *Joueur*.

« Vous avez l'intention, me dit mon guide, de vous composer une petite bibliothèque de bons livres; vous savez déjà où l'on est sûr de n'en trouver que de mauvais; je vais maintenant vous conduire chez de véritables libraires, parmi lesquels vous trouverez néanmoins à faire des distinctions de plus d'une espèce. »

Nous nous acheminâmes vers le faubourg Saint-Germain, aux environs de la place Saint-Michel; nous entrâmes, ou plutôt nous descendîmes dans une salle basse tapissée de poudreux volumes, dont la reliûre, à la jésuite, ou en parchemin, est déjà un préjugé favorable aux yeux de certains amateurs. Un vieux homme, relié comme ses livres, était assis devant un bureau vermoulu où il s'occupait à raccommoder la couverture de quelques bouquins, comme on restaure d'anciens tableaux, en s'efforçant de leur conserver cet air de vétusté qui en fait souvent tout le prix. Les reliûres de Bozerian, de Simier, ne brillaient pas sur ses tablettes; mais l'Encyclopédiste y remarqua des collections reliées par de Romme et par quelques autres relieurs fameux du siècle de Louis XIV.

Nous demandâmes à ce bibliographe quelques livres latins; en nous montrant les éditions des Elzévirs, des Barbou, des Coustellier, des Brindley, des Baskerville, il nous fit valoir, avant tout, les *dates*, la *conservation*, les *marges*, les *témoins;* chacune de ces qualités étant à ses yeux d'un prix qui doublait celui du livre, sa bibliothèque entière, estimée sur le même taux, eût valu beaucoup plus que celle de M. de la Valière. Il avait tenu note, sur les *gardes*, du prix auquel chaque ouvrage s'était élevé dans les ventes, et il ne manquait pas de vous produire en témoignage l'extrait des catalogues qui en indiquaient le numéro et la *vacation*.

Cette science de la bibliographie, que cet homme possédait au plus haut degré, et dont il était si fier, ne me parut au fond que le pédantisme assommant d'une érudition puérile, dont le moindre inconvénient est de créer une valeur de convention pour des ouvrages qui en ont une positive dans la nature et dans la correction du texte. Cette réflexion, dont je laissai percer quelque chose dans mes discours, donna une si mauvaise idée de moi au docte libraire, qu'il ne daigna plus me répondre qu'en me disant « qu'on trouvait à Paris des livres pour tout le monde, mais qu'il n'en tenait que pour certaines personnes. » Comme nous prenions congé de cet original, un de ses confrères venait se pourvoir, chez lui, par commission, d'une collection d'éditions *Aldines* demandée par un lord qui voulait se la procurer, à tout prix, pour compléter un corps de bibliothèque dans son château du comté de Westmoreland. Ce noble Breton, connu pour un des plus déterminés bibliomanes des trois royaumes, avait donné ordre qu'on lui achetât cette collection et qu'on la lui expédiât à son adresse à Londres, où il doit la retrouver à son retour d'un voyage qu'il va faire aux Indes pour y prendre un commandement.

Nous nous égayâmes, avec beaucoup de discrétion, aux dépens de sa seigneurie qui achetait des livres pour meubler un château pendant son absence, et nous laissâmes le vénérable bouquiniste regretter, en la vendant deux fois sa valeur, une collection des *Aldes*, à la formation de laquelle il travaillait depuis quinze ans.

« La manie de cet homme, me dit en sortant mon ami, est un charlatanisme habilement calculé chez la plupart de ses confrères, pour tirer parti du ridicule de ces amateurs qui se croient des savans parce qu'ils possèdent des collections estimées par des savans, et qu'ils peuvent se vanter, à tout propos, de ne lire les classiques que dans les *ad usum*, Plutarque que dans *Vascosan*, Cicéron que dans *d'Olivet*, et Tacite que dans *Brottier*. Mais nous voici chez un libraire qui spécule sur un genre de ridicule plus productif, parce qu'il tient à la plus sotte de toutes les vanités. »

Nous entrons dans un magasin richement décoré de plusieurs grands corps de bibliothèque en bois d'acajou, fermés par des portes en glaces, garnies en baguettes de cuivre doré. Les livres exposés sur ces rayons y sont tous enfermés dans des étuis. Là, tous les ouvrages sont imprimés sur peau de vélin, sur papier satiné, ou tout au moins sur grand carré de Hollande; le maroquin, le tabis y sont travaillés en reliûre de cent manières différentes; les recherches du goût le plus fantasque et le plus dispendieux portent à dès prix énormes ces magnifiques curiosités bibliographiques. Chacun des exemplaires se recommande par un mérite particulier: l'un renferme les dessins originaux; l'autre, les premières épreuves; celui-ci est un des trois exemplaires tirés sur papier rose; celui-là est supérieur pour la reliûre à l'exemplaire qui se trouve dans la bibliothèque du comte Spencer; * cet autre est relié en cuir de Russie gauffré, et sa tranche est enjolivée de miniatures d'un très-grand prix, que l'éclat de la

* Le lord Spencer fit fondre des caractères particuliers pour l'impression d'un *Horace*, dont il ne fut tiré qu'un seul exemplaire; les caractères furent ensuite brisés.

dorure permet à peine de distinguer. On ne touche point à ces livres, dont plusieurs même semblent destinés à n'être jamais ouverts, pour peu que l'acquéreur tienne, autant que le libraire, à n'en point déflorer la tranche.

Nous sortîmes de chez ce bijoutier-typographe (qui me demanda pour un La Fontaine, en deux volumes, un peu plus d'argent que je n'en veux mettre à l'achat de ma bibliothèque entière), et nous nous rendîmes au Palais-Royal, chez un marchand de nouveautés. Des mannes énormes de brochures encombraient son magasin, où vingt commis étaient occupés à emballer des liasses de pamphlets, de romans, de brochures de toute espèce, qu'il expédiait dans les quatre parties du monde. Mon ami lui ayant fait part de l'intention où j'étais de me former une bibliothèque, il me proposa une collection complète de romans modernes, des *Contes à mon Fils, à ma Fille, à mon Gendre*, des Mémoires du tems, des Vies privées, des rapsodies prohibées ou au moment de l'être; il me fit part du titre de quelques ouvrages qu'il avait sous presse, me les offrit d'avance avec une remise de trente pour cent, et nous quitta pour parler à un auteur qui lui offrait une traduction de *Florus*, avec un commentaire. « J'ai déjà un roman de *Flora*. — Il ne s'agit point d'un personnage de roman, Florus est un historien. — En fait d'histoire, c'est du Pradt qu'il nous faut; du Pradt, entendez-vous : voilà ce qui s'appelle un historien. Faites-nous du Pradt, et je vous le paie cent francs la feuille. »

Je ne jugeai pas à propos d'en entendre davantage, et je sortis de chez ce marchand de papier noirci, avec un peu d'humeur contre mon Encyclopédiste, qui semblait prendre à tâche de multiplier des courses inutiles. « J'ai voulu commencer, me dit-il en riant, par vous faire jouer votre rôle d'observateur; je vous ai fait passer en revue les principaux abus d'une profession que je vais maintenant vous faire connaître dans ses rapports les plus honorables. » Nous repassâmes les ponts, et il me conduisit chez le célèbre Didot.

Là, je trouvai cette noble alliance des lettres, de l'industrie et du commerce, cette antique probité, cet honneur héréditaire, cet amour de l'art, dont quelques familles ont conservé le précieux dépôt. M. Didot n'était pas chez lui;

nous visitâmes, en l'attendant, ses ateliers, ses magasins, ses fonderies et ses presses : mon ami me donna l'explication des procédés ingénieux inventés par cet habile typographe, à qui l'art est redevable de ses plus notables progrès.

Les classiques anciens, français et étrangers, composent cette importante librairie; les éditions de luxe et les éditions usuelles y présentent le même degré de perfection. Le riche amateur, le modeste savant, le studieux écolier, viennent en même tems y meubler leur bibliothèque de livres qui diffèrent de prix sans différer de mérite. Le superbe *Virgile* in-folio, de trois mille francs l'exemplaire, et le modeste *Virgile* stéréotypé, à vingt sous, sont également corrects, également estimés. J'éprouvais un mouvement d'orgueil national à me convaincre qu'un imprimeur français rivalisait avec avantage les Bodoni, les Baskerville, les Ibarra; mais j'étais aussitôt ramené à un sentiment plus modeste, en songeant que, privé de toute espèce d'encouragement, c'est aux dépens de sa fortune que le digne successeur des Etienne et des Plautins s'est acquis, dans l'art typographique, une supériorité qui partout ailleurs eût été pour lui une source de richesses.

Ce fut dans ce temple des classiques que je choisis mes pénates. Je m'étais fait une loi de m'en tenir aux seuls auteurs originaux, et de dédaigner les compilateurs, les commentateurs, les annotateurs, les imitateurs, et les poètes médiocres; par ce moyen, ma bibliothèque ne se compose que d'environ six cents volumes; encore mon Encyclopédiste soutient-il qu'il y a du fatras.

N° XI. — 23 *octobre* 1815.

LES AÉRONAUTES.

> *Expertus vacuum Dædalus aera,*
> *Pennis non homini datis.*
>
> HOR., liv. 1er, od. III.
>
> Dédale s'élance dans les airs avec des ailes que la nature n'a point données à l'homme.

LE domaine de l'impossible se rétrécit tous les jours : les hommes ont envahi les airs; les étrangers ont envahi la France. Si quelque voyageur nommé Charles ou Robert, parti des bords de la Seine en 1784, était venu me trouver dans les déserts de l'Amérique méridionale, et m'eût raconté sérieusement qu'avant son départ de Paris il s'était élevé au milieu du Champ-de-Mars dans les plus hautes régions de l'air, et qu'il avait plané, pendant une demi-heure, cinq ou six cents toises au-dessus des tours de Notre-Dame, j'aurais d'abord imaginé que ce pauvre voyageur avait perdu la raison, et je n'aurais rien trouvé de mieux à répondre à ce nouvel Astolphe que de l'engager à remonter sur son hypogryphe, et à pousser son voyage aérien jusqu'à la lune, pour tâcher d'y retrouver sa fiole de bon sens. S'il eût insisté de manière à me prouver qu'il ne l'avait point perdue, je ne me serais pas cru obligé d'avoir recours aux ménagemens d'une politesse qu'on ne connaît pas dans les bois, pour le taxer de mensonge; et je me serais donné le ridicule assez commun de nier, par le raisonnement, une expérience prouvée par les faits.

« Comment exigez-vous que je croie (n'aurais-je pas manqué de lui dire) un prodige qui contrarie si évidemment la première, la plus immuable des lois de la nature, celle de la pesanteur? » et, partant d'un principe reconnu, dont j'aurais fait une application fausse, rassemblant à l'appui toutes les notions de physique qu'auraient pu me fournir les élémens de l'abbé Nollet, où j'en étais resté dans mes études, j'aurais entassé les argumens pour prouver à un homme qu'il n'avait pas pu voir ce qu'il avait vu, et qu'il n'avait pas entrepris ce qu'il avait exécuté. Mais si mon voyageur, pour toute réponse à mes belles théories, se fût avisé de former, avec les feuilles sèches du bananier sauvage, une enveloppe sphérique d'une grande dimension ; qu'il eût, au moyen du feu, raréfié l'air contenu dans l'intérieur de cette enveloppe, au point de la rendre spécifiquement moins lourde que l'air atmosphérique au milieu duquel je l'aurais vue s'élever, il est probable qu'après un premier moment de surprise j'aurais trouvé cette découverte d'une extrême simplicité, et que je n'aurais plus été surpris que d'une chose, c'est que Torricelli ne l'eût pas faite le jour où il découvrit la pesanteur de l'air.

Quoi qu'il en soit de la difficulté de cette invention, que l'envie du moins ne s'est pas encore avisée de contester à son auteur, on ne peut nier qu'elle n'ait donné lieu à l'entreprise la plus audacieuse que le génie de l'homme ait jamais tentée.

Qu'aurait dit Horace, qui s'extasie en si beaux vers sur la témérité du *matelot au cœur de chêne, armé d'un triple airain, qui, le premier, osa confier un frêle vaisseau aux mers cruelles, sans craindre les vents d'Afrique et les tristes hyades?* Qu'aurait-il dit, s'il eût vu, de son tems, une jeune

*

fille s'élancer, avec le secours de la plus frêle machine, des jardins de Tivoli dans l'immensité des airs, s'y perdre seule au milieu des orages, et, par un prodige d'audace mille fois plus étonnant encore, abandonner volontairement le frêle appui qui la suspend sur l'abîme, et se confier, dans sa chute immense, au léger voile de soie étendu sur sa tête ?

Tel est cependant le merveilleux spectacle dont je viens d'être témoin dans les jardins d'un autre Tivoli, où m'avait accompagné mon voisin l'Encyclopédiste, avec lequel je me lie chaque jour plus étroitement.

« J'étais à Paris (me disait-il chemin faisant) quand Montgolfier, en 1782, eut la première idée des aérostats, à la vue d'une jupe légère placée sur un de ces paniers dont on se sert pour chauffer le linge, et qui s'éleva jusqu'au plafond de l'appartement, lorsque l'air contenu dans la capacité du panier se trouva raréfié par la chaleur au degré convenable. Cet effet physique, qui s'était probablement opéré cent fois sous les yeux de gens incapables d'en tirer aucune conséquence, ne fut point perdu pour un homme comme Montgolfier, qui s'était fait une étude particulière de l'application des sciences physiques aux arts industriels.

» Cette seule observation lui révéla toute la théorie de l'aérostatique. Le 5 juin, il en fit, à Annonay, un premier essai qui ne lui laïssa plus le moindre doute sur le succès d'une expérience qu'on se hâta de répéter aussitôt qu'elle fut connue, et dont l'appareil prit le nom de l'auteur de la découverte. On se passionna pour les *montgolfières ;* elles devinrent l'occasion et l'ornement des fêtes publiques. Les femmes ne rêvèrent plus qu'aérostats ; chacune voulut lancer le sien, et la police se vit obligée de réprimer par une ordonnance un amusement qui compromettait la sûreté publique, en exposant au danger d'un incendie la maison ou la grange sur laquelle pouvait s'arrêter le ballon armé d'un réchaud suspendu à son ouverture.

» Ce goût frivole, qui jusque-là ne différait guère de celui des enfans pour les bulles de savon, devint de l'enthousiasme lorsqu'on annonça qu'il se trouvait un homme assez audacieux pour confier sa vie à ce fragile soutien, et pour suivre les chances de sa périlleuse élévation. Un jeune physicien, nommé Charles, perfectionnant la découverte de Montgolfier, imagina d'employer le gaz hydrogène comme moyen d'ascension. Il construisit un ballon en taffetas gommé, au-dessous duquel il suspendit une petite nacelle, et le 27 août 1783 il s'éleva du milieu du Champ-de-Mars, et donna pour la première fois, au monde, le spectacle d'un homme envahissant le domaine des oiseaux.

» Il est impossible de vous donner une idée de l'effet que produisit un pareil spectacle sur la multitude qui en fut témoin. Des cris d'admiration suivirent dans les airs l'audacieux aéronaute, dont l'entreprise eut un grand nombre d'imitateurs.

» A Paris, à Versailles, à Lyon, MM. Pilatre Desrosiers, d'Arlandes et Saint-Romain, exécutèrent plusieurs ascensions dans des montgolfières.

» M. Blanchard, qui s'occupait, sous la direction de l'abbé de Viennai, de la construction d'un bateau-volant, à l'époque où M. de Montgolfier fit sa découverte, répéta, dans le Champ-de-Mars, au mois d'avril 1784, l'expérience de M. Charles, et s'éleva beaucoup plus haut que ses prédécesseurs.

» Aucun événement funeste n'avait encore signalé cette découverte; l'abbé Miaulant, messieurs Pilatre Desrosiers et Saint-Romain en furent les premières victimes. Ces derniers entreprirent de traverser la Manche, au moyen d'une machine où ils avaient combiné les deux procédés de la raréfaction de l'air et du gaz hydrogène, c'est-à-dire, de l'action du feu avec son principe. Cette expérience eut le plus fatal résultat : l'aérostat prit feu, et les deux voyageurs aériens, précipités d'une hauteur de huit cents toises, tombèrent à quelque distance de Boulogne. Un modeste monument, élevé sur la plage, y conserve le souvenir de leur courage et de l'affreuse catastrophe qui en fut la suite.

» Ce triste exemple n'effraya point Blanchard : un mois après, le 7 octobre 1785, il s'éleva de Douvres, traversa la Manche, et vint descendre à Calais, où sa nacelle est déposée, comme un monument, dans une des salles de l'Hôtel-de-Ville.

» Blanchard, étranger à la science, était doué d'une intrépidité qui le tira souvent du mauvais pas où l'engageait son ignorance. Je puis vous en citer un trait qui eut pour témoin une ville entière : dans une ascension qu'il fit à Berlin, le mauvais choix des matières qu'il avait employées dans la composition de l'air dont son ballon était rempli, ne lui permettant pas de s'élever avec la totalité de son poids, il eut l'audace de se débarrasser de sa nacelle et de se laisser emporter à une hauteur prodigieuse en s'accrochant, comme il put, aux mailles du filet de son ballon.

» Toutes les expériences qui se succédèrent en différens pays, dans l'espace de dix ans, n'eurent d'autre effet que de satisfaire une vaine curiosité, et de perfectionner la théorie des ballons sans rien ajouter à leur utilité. L'application qu'on en fit à l'art militaire, à l'époque de la bataille de Fleurus, faisait espérer des résultats qu'on n'en a point obtenus.

» En 1797, M. Garnerin réveilla l'enthousiasme qui commençait à s'assoupir, en annonçant l'expérience la plus hardie que l'imagination puisse concevoir. Opposant la surface à la pesanteur, et la résistance de l'air à la chute des corps, il parvint à se rassurer lui-même sur les dangers d'une descente en parachute, dont toutes les lois de la physique lui garantissaient le succès, sans penser que, dans l'exécution, l'erreur la plus légère, le moindre incident pouvait ramener la question à son expression la plus simple; c'est-à-dire, à la chute de l'aéronaute, d'après la loi des *graves* abandonnés à leur pesanteur spécifique. Les spectateurs, au nombre desquels je me trouvais, à Mousseaux, en eurent un moment l'angoisse : le parachute éprouva quelque retard dans son développement, et M. Garnerin paraissait devoir retomber sur la terre, en raison directe de sa masse multipliée par le carré de sa vîtesse; mais, heureusement, le parachute s'ouvrit, et la descente s'acheva sans accident.

» J'aurais encore à vous parler (continua mon compagnon de promenade) de l'ascension équestre de M. Testu-Bissy, de celles de Mmes Blanchard et Garnerin, des belles expériences du docteur Zambeccari et de M. Robertson; des ridicules essais de *deux voleurs à tire-d'ailes*, en 1801 et en 1802; mais nous arrivons à Tivoli, et vous avez mieux à faire que de m'écouter. »

Pour juger de l'attention que je prêtais à ce

discours, et de l'admiration que m'a causée un spectacle auquel j'assistais pour la première fois, il faut se rappeler que je n'avais aucune idée de ce qu'on me racontait et de ce que j'allais voir.

Instruit qu'on se portait en foule à ce jardin, les jeudis et les dimanches, pour y jouir du spectacle insipide des danseurs de corde, de l'illumination et du feu d'artifice, je craignais que l'enceinte de Tivoli ne pût, cette fois, contenir la multitude des spectateurs que cette étonnante expérience me semblait devoir attirer; tout concourait à en augmenter l'intérêt : la hardiesse de l'entreprise, qui n'avait encore été tentée que deux fois à Paris; le sexe, la jeunesse de celle qui se dévouait à cet essai périlleux; la noble et touchante résolution qui le lui faisait entreprendre, dans la seule vue d'être utile à sa famille : quels motifs plus puissans et plus honorables pouvait-on offrir à la curiosité! Je fus étrangement surpris, en entrant, de la solitude qui régnait dans un lieu où je croyais trouver la moitié de Paris. « Vous faites trop d'honneur aux hommes, me dit mon compagnon, si vous croyez qu'un sentiment de générosité les guide jamais dans leurs plaisirs : cette expérience aura autant de spectateurs qu'elle peut en avoir; mais tous, ou presque tous, ont calculé qu'elle était de nature à ce qu'ils pussent en jouir *gratis;* aucune autre considération ne s'est présentée à leur esprit : si vous vous transportiez sur les hauteurs de Montmartre et dans les plaines de Mousseaux, vous y trouveriez deux mille personnes de la classe opulente, qui s'y sont rendues pour éviter les frais de leur billet d'entrée à Tivoli. »

Un Anglais qui nous écoutait se mêla poliment de la conversation : « Je vois ici, nous dit-il, plus de mille écus de dépense, et je n'y vois pas quinze cents francs de recette; à Londres, une pareille expérience aurait rapporté, par souscription, trois ou quatre mille guinées à la jeune personne qui va l'entreprendre sans aucun profit. — Pourquoi donc, Monsieur, lui répondis-je, ne vois-je pas ici un plus grand nombre de vos compatriotes? — Nous ne sommes pas curieux à Paris; vos journaux n'auraient pas manqué de vous donner le mérite d'une recette dont nous aurions fait les frais. — Vous ne rendez pas justice à nos journalistes; ils sont, pour la plupart, aussi bons Anglais que vous-même; ils vous auraient laissé tout l'honneur de la fête. — Nous avons plus d'amour-propre chez nous qu'en pays étranger; ce que nous faisons à Paris, nous ne l'aurions pas fait à Londres, et nous serions honteux d'aller nous placer, dans nos carrosses, hors de l'enceinte où l'on paie, comme le font en ce moment vos Parisiens. » Cette observation était plus juste que polie; j'y répondis en m'éloignant.

Le petit nombre de spectateurs que nous trouvâmes à Tivoli se composait d'étrangers de marque, et de quelques dames qui se sont chargées de leur faire les honneurs de la capitale. J'aurais pu trouver là matière à de singulières observations, mais mon attention était absorbée sur un seul objet. Pendant qu'on remplissait le ballon, je me faisais expliquer, par mon savant ami, le but des différens préparatifs que je voyais s'achever avec une anxiété inexprimable. Elle augmenta beaucoup à la vue de la jeune personne qui en était l'objet.

Mlle Garnerin, vêtue d'une robe blanche, et le front couronné de fleurs comme une victime, se fit précéder par un petit ballon d'essai qu'elle suivit un moment des yeux; et, s'apercevant qu'il se dirigeait dans l'auréole du soleil couchant, qui le déroba dans un moment au regard, elle prévint, avec beaucoup de modestie, l'assemblée qu'elle attendrait, pour partir, que le soleil, plus près de l'horizon, permît aux spectateurs de la suivre des yeux dans sa course.

Le moment arrivé, la gondole, surmontée du parachute, fut attachée au ballon; Mlle Garnerin s'y plaça légèrement, et, sans donner le moindre signe d'inquiétude, elle salua les spectateurs du drapeau blanc qu'elle tenait à la main, et donna l'ordre à dix hommes qui le retenaient avec effort de lâcher les cordes du ballon : sa force d'ascension était telle qu'il s'élança comme un trait dans les airs aux acclamations des spectateurs : je n'y mêlai pas les miennes; j'étais oppressé par un sentiment plus pénible; les larmes roulaient dans mes yeux.

Il avait été convenu avec la jeune aéronaute qu'elle se séparerait du ballon au signal de la détonation de trois boîtes d'artifice : on le donne, et les yeux s'attachent avec effroi sur la frêle machine qui continue à s'élever. Déjà elle avait atteint une prodigieuse hauteur; les uns craignaient que cette jeune fille, qui montait pour la première fois dans un aérostat, ne s'y fût évanouie; les autres, et c'était le plus grand nombre, supposaient que, retenue par une frayeur (que chacun éprouvait, à l'abri même du danger), elle ne pouvait se décider à couper, comme une parque fatale, le fil qui la retenait encore à la vie; mais tout-à-coup un cri général d'épouvante a retenti; la pâleur est sur tous les fronts : le lien est coupé; la nacelle, séparée du ballon, s'abîme dans l'espace.... Au même moment, le parachute se déploie, le gouffre se ferme, et l'intrépide aéronaute, mollement balancée dans les airs, semble redescendre, à regret, sur la terre, où tous les vœux la rappellent.

Mlle Garnerin a reçu le prix de son rare courage : S. M. a daigné permettre qu'elle lui fût présentée.

N° XII. — 30 *octobre* 1815.

LES MÉDECINS.

> Profite s'il advient du bonheur du malade,
> Et vois attribuer au seul pouvoir de l'art
> Ce qu'avec la nature aura fait le hasard.
>
> TH. CORNEILLE, *Festin de Pierre.*

COMME il pourrait fort bien m'arriver d'avancer, à ce sujet, des propositions mal sonnantes à certaines oreilles, je ne ferai pas mal de les mettre tout de suite à l'abri d'un nom dont on ne s'avisera pas de me contester l'autorité. « Si l'on vient à peser mûrement (remarquez bien, lecteurs, que c'est Boerhaave qui parle) le bien qu'ont fait au monde, depuis l'origine de l'art, une demi-douzaine de vrais fils d'Esculape, et le mal que la multitude immense des docteurs de cette profession a fait au genre humain, on pensera, sans aucun doute, qu'il serait beaucoup plus avantageux qu'il n'y eût jamais eu de médecins dans le monde. » *Habemus confidentem reum;* et j'en prends acte.

Il y a long-tems qu'on a fait l'observation qu'il n'y avait qu'une route pour entrer dans la vie, et qu'il y en avait mille pour en sortir : eh bien, ôtez seulement la guerre et la médecine, et si vous dites encore, avec Virgile, *que les portes de la mort sont ouvertes jour et nuit*, * vous ne vous plaindrez plus du moins qu'elles soient obstruées par la foule qui s'y précipite.

Je soutiens, depuis long-tems, un paradoxe, de la vérité duquel je me donne moi-même comme une preuve vivante : c'est que les maladies ne sont point dans la nature, et qu'elles n'ont d'autre source que notre intempérance, à prendre ce mot dans sa plus grande acception. Je suis né avec un tempérament très-faible; je n'ai jamais été malade, et je suis arrivé doucement à un âge où l'on ne meurt plus que de la mort, comme dit Montaigne. Quel remède ai-je employé pour vieillir? Celui que Zadig prescrit

* *Noctes atque dies patet atra janua ditis.*

VIRGILE.

au seigneur Ogul : j'ai mangé quand j'avais faim; j'ai bu quand j'avais soif; je me suis reposé quand j'étais las.

La plus forte objection morale qu'on puisse faire contre la médecine, résulte, selon moi, de l'inconsistance de ses principes : en effet, combien de systèmes différens depuis Hippocrate jusqu'au docteur Gall? Molière, chez lequel s'étaient réfugiés la raison et le bon sens qui manquent à tant de fous, *soutient que la médecine est une des plus grandes erreurs qui soit parmi les hommes;* je ne connais pas de proposition mathématique susceptible d'une démonstration plus rigoureuse : après avoir cité le témoignage de Boerhaave, je citerai encore celui de *Guy-Patin*, un des médecins les plus savans et les plus spirituels du 17e siècle, lequel prétendait que la PHYSIOLOGIE, la PATHOLOGIE et la SÉMÉIOLOGIE *n'étaient que les parties accessoires d'une science dont le fond était la* CHARLATANERIE.

Si le fond de la médecine a toujours été le même, les ridicules des médecins ont changé : dans le 16e siècle, leur science se liait à la chiromancie et à l'astrologie judiciaire : Luc Gauric guérissait, ou du moins prétendait guérir au moyen des planètes et des signes cabalistiques, ce qui n'empêchait pas qu'on ne vécût alors assez long-tems, et qu'il ne fallût un coup d'arquebuse pour tuer, à quatre-vingts ans, le connétable de Montmorency.

Les médecins prirent de la gravité sous Louis XIV, et cette gravité devint plus comique : la robe doctorale et l'énorme perruque qu'ils adoptèrent à cette époque achevaient d'en faire des personnages de théâtre, et les scènes où Molière les a fait si gaîment figurer sont les meilleurs Mémoires que nous ayons sur la médecine de cette époque : les consultations des médecins de *Pourceaugnac* sont de la plus exacte vérité; la Faculté d'aujourd'hui pourrait en contester les formes, mais elle serait obligée d'en adopter les principes. L'auteur du *Malade Imaginaire* était conséquent : il se moquait des médecins, et ne s'en servait pas. Mauvillain, dont il écoutait les ordonnances sans les suivre, était son ami particulier, et lui fournissait les plaisanteries techniques que l'on trouve dans quelques-unes de ses pièces.

Quand j'entrai dans le monde, les médecins

à grande perruque avaient disparu pour faire place aux docteurs à perruque à trois marteaux; l'habit de velours noir, le solitaire au doigt et la canne à bec de corbin étaient les signes caractéristiques de la profession; la bonbonnière en écaille blonde, dans la poche de la veste, n'était pas encore aussi indispensable qu'elle l'est devenue quinze ans plus tard. Les médecins à bonbonnière s'emparèrent des boudoirs, et rivalisèrent avec les abbés pour les succès de salon : une petite-maîtresse avait alors son carlin, son docteur, son perroquet, son abbé, son petit jockey et son grand heiduque. Ces Hippocrates de toilette s'étaient fait un jargon précieux dans le genre de celui de Marivaux; on leur doit l'invention des vapeurs, sur lesquelles ils ont vécu pendant une vingtaine d'années.

Aux médecins poupards succédèrent les Esculapes de Germanie, qui guérissaient toutes les maladies au moyen du magnétisme et de l'électricité; ceux-ci affectaient une extrême simplicité : le grand habit de drap brun, boutonné du haut en bas, à la manière des quakers; la petite perruque ronde, sans poudre, composaient leur costume : ils se croyaient obligés de faire, au moins une fois dans leur vie, un pélerinage en Suisse, pour herboriser sur les Alpes, et s'entretenir avec Tronchin, dans un chalet du pays de Vaud.

Tels étaient l'état et l'esprit de la médecine lorsque je quittai la France, pour n'y rentrer qu'un demi-siècle après. Une circonstance pénible vient de m'offrir l'occasion d'observer les changemens matériels qu'a subis la gent hippocratienne pendant ma longue absence. Ma bonne Ottaly, cruellement éprouvée par un climat et par un régime nouveaux, a failli mourir, faute de deux ou trois plantes de la Guiane, qui servent à ses sauvages habitans de remèdes universels. Ces dictames bienfaisans ne leur sont pas ordonnés par des médecins brevetés; ils ne sont pas dénaturés en passant par le pilon et l'alambic d'un pharmacien patenté; peut-être aussi leur vertu salutaire tient-elle à leur application immédiate.

Je ne crois pas à la médecine; mais beaucoup de gens y croient, et je ne voulais pas prendre sur moi l'événement d'une maladie qui s'annonçait avec un caractère aussi grave. Je fis transporter la malade à Paris, et je courus chez un médecin célèbre que m'avait indiqué Mme de Lorys.

J'arrivai chez le docteur; vingt personnes attendaient dans le salon; je fus introduit à mon tour. Le docteur Norville est un homme d'une cinquantaine d'années, dont les manières n'en ont guère plus de vingt-cinq ou trente : ce qui frappe, au premier abord, c'est la satisfaction où il est de lui-même, l'estime qu'il se porte, le bien qu'il se veut. Il était en robe-de-chambre de piqué de la plus éclatante blancheur, assis dans un grand fauteuil d'acajou massif, dont la figure et les attributs d'Hermès, en bronze doré, composaient les ornemens : sa bibliothèque, en bois de citronnier, renfermait toutes les richesses de la science; seulement, je remarquai que la relûre des livres était si fraîche, si brillante, qu'il y avait tout lieu de penser qu'on les avait bien rarement ouverts; mais je pouvais croire qu'un aussi savant homme n'avait plus rien à apprendre dans les livres; je n'en doutai plus, en examinant les deux pilastres de la cheminée incrustés d'une vingtaine de médailles d'or et d'argent, que le docteur avait gagnées dans toutes les académies de l'Europe.

M. Norville, après m'avoir fait asseoir, s'informa poliment de l'objet de ma visite, et, sans attendre ma réponse, il me demande des nouvelles de Mme de Lorys. « Quelle femme! continua-t-il; et pourquoi faut-il que notre art ne puisse rien sur la marche du tems? » Puis il me parla de son joli château dans la forêt de Senart; d'une fête qu'il y avait dirigée l'année dernière; puis, avec une adresse de transition très-remarquable, il m'entretint des élections, où il venait d'être nommé candidat; du premier concert de Mme Catalani, où on lui avait pris sa loge; des alliés, de la chute de Mme Saqui; du boulevart de Gand, et de la rentrée de Talma; il se souvint alors que c'était son jour de loge aux Français, et sonna pour prévenir qu'il irait dîner chez la comtesse de Sennecourt. « Vous ne m'avez pas dit, reprit-il, ce qui me procurait l'honneur de vous voir; mais je me suis particulièrement appliqué à la *séméiotique*, et je crois déjà connaître la maladie sur laquelle vous venez me consulter.... Vous avez....
— Près de quatre-vingts ans; c'est un mal auquel je ne connais qu'un remède, et je laisse à

la nature le soin de me l'administrer; je viens vous consulter pour un autre; j'ai amené avec moi d'Amérique.... » On annonça l'imprimeur. Il apportait les épreuves d'un *Mémoire sur les Palpitations*, que le docteur avait lu à la première classe de l'Institut : il renvoya, pour la correction des épreuves, à un jeune étudiant qui avait suivi ses expériences à l'hospice Saint-Louis, et qu'il avait chargé de surveiller l'impression de son Mémoire.

Son secrétaire vint ensuite lui montrer la première intention de la dédicace d'un de ses ouvrages à un prince d'Allemagne. Le docteur y ajouta quelques phrases, dans lesquelles il comparait un souverain qui avait fourni 127 hommes à la coalition, au grand Alexandre encourageant Aristote.

A chaque interruption M. Norville me priait de l'excuser; une fois que j'eus pris mon parti sur son impertinence, je m'amusai beaucoup de ses ridicules. Son valet-de-chambre vint lui dire quelques mots à l'oreille, et dans l'instant une jeune femme, qu'un vaste chapeau de paille dérobait à mes regards, fut introduite dans le cabinet du docteur; il se leva, lui prit la main ; je voulais sortir : « Restez, me dit-il ; je suis à vous dans un moment ; je n'ai qu'un mot à dire à madame ; » et il la conduisit dans l'embrasure d'une croisée : pour conserver une contenance discrète, je me mis à feuilleter un livre.

La petite dame, dont la figure très-agréable, bien qu'un peu pâle, se réfléchissait à son insu dans une glace en face de moi, ne se doutait pas que je la voyais rougir et baisser les yeux en parlant au docteur, qui l'écoutait avec plus de plaisir que d'attention. Après un quart-d'heure de chuchotage, la dame prit congé. « Voilà ce que c'est, me dit en rentrant le docteur, qui l'avait été reconduire : un mari absent, une erreur de date ; c'est embarrassant ; mais la médecine est obligeante.... elle accorde aux femmes six semaines pour se reconnaître.... Vous disiez donc ?.... — Que j'ai pour gouvernante une mulâtresse.... — Une gouvernante ? de quel âge ? — Mais, d'une cinquantaine d'années. — C'est différent ! — Je la crois attaquée d'une fluxion de poitrine.... » On annonça M. Rougeard, et je vis entrer, ou plutôt se rouler, un homme de quatre pieds de haut, qui me parut en avoir près du double de circonférence : « Eh bien ! mon cher, comment allez-vous ? — Toujours souffrant. — Vous travaillez trop. — Que voulez-vous, docteur ? mes associés sont des bêtes, et mes commis des brutes ; je suis obligé d'avoir de l'esprit pour tout ce monde-là. — Quand partez-vous pour votre terre ? — J'attends l'adjudication de la fourniture générale. — Encore quelques millions à gagner ? — Bah ! des millions ; c'est de la santé qu'il me faut, et, pour en avoir, je vous emmène avec moi à la Grimaudière, où je veux passer le reste de l'été ; nous y chasserons, vous à cheval et moi en calèche. — J'ai tant d'occupations ! — Je laisse là mes affaires ; vous pouvez bien planter là vos malades ; ils n'en mourront pas. — Au fait, j'ai besoin d'un mois de solitude pour achever mon grand ouvrage sur le système musculaire... Nous verrons. — En attendant, à quel régime me mettez-vous ? — Continuez Tivoli et le vin de kinkina. — Vous dînez demain avec moi ; nous nous amuserons, c'est mon dîner d'artistes. Je vous quitte, j'ai rendez-vous *à la guerre*. — Adieu, Rougeard : l'exercice, mon cher, l'exercice, et, sur-tout, rompez avec la rue de Clichy, je vous en conjure, et j'ai mes raisons pour cela. — Adieu, docteur, à demain. »

« Vous ne connaissez pas ce gros homme-là (me dit-il quand il fut parti); il a autant d'or qu'il en pèse; aussi en est-il à sa quatrième banqueroute.... Mais ne perdons pas de vue votre affaire. Votre Américaine a une fluxion de poitrine, dites-vous ?.... (On lui remet un billet.) Allons, ne voilà-t-il pas qu'on m'attend à l'hôtel de Senneterre ! le duc arrive malade de l'armée. » Il sonne son valet-de-chambre, me demande la permission de s'habiller, et, tout en faisant sa toilette, il me parle des influences atmosphériques, d'irritation nervale, d'engorgement des vaisseaux lymphatiques, de la nécessité de mettre fin à l'état fébrile; demande son habit vert américain, son lis en diamans et ses ordres étrangers; ordonne pour le malade des rafraîchissemens, de l'eau d'orge émulsionnée; ébouriffe ses cheveux devant la glace, promet de venir le lendemain, sans s'informer de l'adresse de la malade, et saute dans son cabriolet en me demandant mille pardons.

J'étais furieux, et le mot de faquin bien prononcé fut entendu d'un homme qui sortait avec moi. « C'est bien le nom qui convient à ce docteur freluquet, me dit-il : je venais le chercher pour ma femme, qui s'en est engouée comme tant d'autres folles, tandis que nous avons à notre porte M. Moncel, homme d'un vrai mérite, dont elle ne veut pas entendre parler, parce qu'il soigne *gratis* les pauvres de notre quartier. » Je n'avais pas de tems à perdre : je demandai l'adresse de ce médecin, et je me fis conduire à l'extrémité d'une petite rue du faubourg Saint-Germain, dans une maisonnette entre cour et jardin, dont l'aspect me prévint en faveur de celui qui l'habitait. Le cabinet où je fus introduit avait quelque chose de scientifique qui donnait l'idée d'un homme studieux et modeste ; on n'y voyait pas, comme chez son confrère Norville, les figures d'Esculape et d'Hygie sculptées ou peintes sur tous les panneaux : trois ou quatre cents volumes, la plupart reliés en parchemin jauni par le tems, et rangés sur des tablettes de noyer ; quelques pièces d'anatomie, un herbier, des cadres d'insectes, et les portraits de Linné, d'Haller et de Boërhaave, décoraient seuls ce petit sanctuaire de la science. M. Moncel, au moment où j'entrai, s'occupait d'une démonstration anatomique en présence de deux ou trois élèves qu'il faisait opérer sous ses yeux. J'exposai en peu de mots l'objet de ma visite, et je le priai de me donner une consultation par écrit, s'il n'avait pas le loisir de m'accompagner à l'instant même. « Je vous suis, me dit-il ; les consultations sont des billevesées ; je ne connais de médecine que la clinique, et je n'ai d'avis qu'au chevet du lit des malades. » Tout en parlant, il prenait sa canne et son chapeau, indiquait à ses élèves ce qu'ils devaient faire pendant son absence, leur donnait rendez-vous pour le lendemain à six heures du matin, à l'Hôtel-Dieu, et montait en voiture avec moi.

Je m'aperçois, à regret, que j'ai donné trop de place à la critique, et qu'il ne m'en reste plus pour l'éloge. Je dirai donc en peu de mots que le docteur Moncel visita ma pauvre Ottaly; qu'il lui donna les soins les plus assidus, et qu'en peu de jours elle recouvra la santé. En retournant dans ma retraite, j'ai cru devoir exprimer au docteur ma reconnaissance en quelques lignes; encore n'ai-je eu que la peine de les transcrire :

« Vous ne m'avez point réconcilié avec la » médecine; mais vous me forcez de convenir » qu'il n'y a rien de plus estimable au monde » qu'un médecin qui, ayant dans sa jeunesse » étudié la nature, connu les ressorts du » corps humain, les maux qui le tourmen- » tent, les remèdes qui peuvent le soulager, » exerce son art en s'en défiant, soigne égale- » ment les pauvres et les riches, ne reçoit » d'honoraires qu'à regret, et les emploie à » secourir l'indigent.* »

* Voltaire, *Dictionnaire philosophique.*

N° XIII. — 7 *novembre* 1815.

LE LANGAGE ET LA CONVERSATION.

> — *Qui aut tempus quid postulet non videt, aut plura loquitur, aut se ostentat, aut eorum quibuscum est rationem non habet, is ineptus esse dicitur.*
>
> CICERO.
>
> Celui-là est un sot et un impertinent qui parle sans égard aux circonstances et aux personnes avec qui il se trouve ; qui s'empare de la conversation, et qui se fait le sujet de son propre discours.

MON ami l'Encyclopédiste est un excellent grammairien (dans la meilleure acception du mot), et l'un des hommes de France qui connaît le mieux ce qu'on peut appeler l'art de la conversation. Un paradoxe qui lui est très-familier et qu'il soutient avec autant d'esprit que de logique, c'est que la langue française est, sans aucune comparaison, la plus belle des langues modernes; peu s'en faut même qu'il ne lui donne la préférence sur le latin qui manque, à son avis, d'euphonie et de clarté; la langue française est, selon lui, celle qui se rapproche le plus du grec, c'est-à-dire, de la langue la plus parfaite qu'aient jamais parlée les hommes: je ne m'engagerai pas dans l'examen des raisonnemens et des preuves qu'il apporte à l'appui de son opinion; dans la discussion des moyens dont il se sert pour repousser les objections qu'on ne manque pas de reproduire sur cette quantité d'auxiliaires, d'articles, de prépositions, de pronoms amphibologiques qui embarrassent notre langue et garrottent la pensée, si l'on peut parler ainsi, dans les liens de la phrase, quelquefois si difficile à construire. Une question de cette nature n'est pas de celles que l'on peut traiter sans ennui dans un article de journal; je me contente d'exposer sa proposition : « La langue la plus parfaite est celle qui réunit au plus haut degré la *clarté*, la *douceur*, la *variété* et l'*élégance*: la langue française est la plus *claire*; il n'y a qu'un avis sur ce point; elle est incontestablement la plus *douce*, car aucune autre n'offre un plus heureux mélange de consonnes et de syllabes; elle est la plus *variée*, car elle se prête également à toutes les formes du style, à toutes les espèces de composition en prose et en vers, dont elle offre des modèles achevés dans tous les genres; enfin elle est la plus *élégante*, car elle est dans toute l'Europe la langue de la bonne compagnie. Son universalité seule suffirait pour constater sa prééminence. »

En supposant, disais-je à mon philologue, que vous ayez eu raison il y a quarante ans, à l'époque où l'on parlait en France la langue de Bossuet, de Racine, de Motesquieu et de Voltaire, vous pourriez bien avoir tort aujourd'hui; car il me semble qu'il s'est fait aussi une révolution dans la langue française, dont je puis d'autant mieux juger, qu'absent de ce pays depuis tant d'années, les changemens survenus dans le langage sont plus frappans pour moi qu'ils surprennent, que pour vous qui les avez vus venir : c'est ainsi qu'on a peine à reconnaître, après une longue absence, un ami dont l'âge a changé les traits, et qu'en restant près de lui l'on n'aurait pas vu vieillir. Sans parler de quelques livres nouveaux en grande réputation parmi vous, et que j'ai toutes les peines du monde à entendre, il m'arrive assez souvent de ne pouvoir suivre un entretien, faute de connaître la signification ou la valeur nouvelle des mots qu'on y emploie : je lui citai pour exemple les deux petits dialogues suivans que j'avais écoutés, mais non pas entendus, la veille chez Mme de Lorys : j'en ai sur-tout bien retenu ce que je n'ai pas pu comprendre avec le secours du Dictionnaire de l'Académie.

*Dialogue en jargon à la mode entre la baronne A*** et le chevalier B***.*

LA BARONNE.

Vous n'étiez pas hier *aux Bouffes?* C'est d'un *ridicule achevé!* Il y avait un monde *fou*, et *la* Catalani a chanté *à miracle*.

LE CHEVALIER.

J'étais allé *tout bêtement* aux Français voir *un début* : et puis, s'il faut vous le dire, *Maame*, votre opéra *seria* est ennuyeux *à peste*. Il est *inoui* qu'on *entende sans cesse* vanter ces *niaiseries musicales* qui viennent expirer dans l'oreille à l'*insu* de l'esprit et du cœur : *il y a pour en mourir*.

LA BARONNE.

Moi, j'ai l'*ame* plus près de la *peau*, et je vous *déclare* que la musique italienne me fait l'effet d'un bain de mélodie; elle détend et *rafraîchit mes nerfs* dont l'*agacement* continuel est la source de tous mes maux: mais laissons cela; et, puisque vous étiez au *début des Français*, dites-moi ce qu'il faut que j'en pense.

LE CHEVALIER.

La débutante *est jolie femme; le physique* est bien; le débit juste; mais l'intention *décolorée*, le geste *inquiet* et la parole tant soit peu *filandreuse :* somme toute, cela me paraît *frappé de médiocrité.*

LA BARONNE.

Que voulez-vous? c'est le *cachet* de l'époque: rien n'est bien, rien n'est mal; tout est médiocre: point de formes prononcées, *point de* GRANDIOSE *en quoi que ce soit.* Dans l'impossibilité où l'on est d'admirer ou de critiquer, de pleurer ou de rire, on prend un terme moyen; on bâille: les talens sont *noués*, les vertus *insignifiantes* et les vices *mesquins*. Les hommes *forts**

* Ce qui veut dire hommes à grands talens.

deviennent chaque jour plus rares, et les femmes *se traînent* dans la vie, sans même s'apercevoir qu'elles *passent par la jeunesse*.

LE CHEVALIER.

Vous en excepterez du moins celles qui, comme vous, ne font que d'y entrer.

LA BARONNE.

Et même celles qui n'en veulent pas sortir.

LE CHEVALIER.

Il faut pourtant bien qu'elles s'y décident; car ce n'est probablement ni vous ni moi *qui leur en éviterons la peine*.* A propos de peine, *Maame*, vous souffrez donc toujours de vos nerfs?

LA BARONNE.

Ne m'en parlez pas: je suis si prodigieusement *nerveuse*, que j'ai failli mourir cette nuit, parce que ma femme-de-chambre avait laissé sur mon *somno* un pied de *chrysanthême*. **

* *On épargne, on n'évite pas une peine à quelqu'un : on la lui fait éviter.*

** Vulgairement nommé *marguerite*.

LE CHEVALIER.

Je vous observe que vous auriez bien *mauvaise grâce* de vous plaindre d'une organisation pour ainsi dire *éthérée*, à laquelle vous êtes probablement redevable de cette sensibilité *exquise*, de ce goût délicat, de ce tact infaillible dont vous êtes douée *par excellence*.

LA BARONNE.

D'honneur, chevalier, je voudrais pouvoir *décliner* des éloges qu'il en coûte si cher de mériter. C'est un supplice de se trouvèr en contact sans pouvoir jamais être en *rapport* avec les objets qui nous environnent; de souffrir du pli d'une feuille de rose, au milieu de gens qui courent nu-pieds sur des ronces, et qui ne peuvent *entendre* ni vos plaisirs ni vos chagrins. Je *me rappelle* à ce sujet *de* vous avoir entendu dire....

(Ici la dame parla plus bas, et j'eus la discrétion de ne pas écouter plus long-tems.)

Je m'approchai de deux hommes à collet brodé, qui causaient tout haut et debout dans l'embrasure d'une fenêtre; je ne me trouvai guère moins étranger à leur langage qu'à celui de la dame *nerveuse* et de son chevalier.

Dialogue en jargon d'assemblée politique, entre MM. C..... et D.....

C.....

J'ai vu le moment où la *motion passait.*

D.....

Fort heureusement *l'ordre du jour* en a fait justice; ce qu'il y a de plaisant, c'est qu'il a été *invoqué* avec une chaleur extrême par quelques-uns de ceux qui avaient d'abord *appuyé la motion.*

C.....

C'est une méprise à laquelle ces bonnes-gens sont malheureusement sujets. La majeure partie de toutes les assemblées politiques se compose de membres dont l'éloquence, dans le cours d'une *session*, se borne à l'emploi de ces mots : *appuyé, l'ordre du jour, la question préalable.* Quand ils sont en verve, il leur arrive quelquefois de prodiguer au hasard les richesses de leur imaginative.

D.....

J'aime mieux le silence absolu dans lequel se renferme notre ami N***.

C.....

C'est un homme très-utile ; il est spécialement chargé des *murmures*, et il s'en acquitte avec beaucoup d'intelligence.

D.....

Vous avez dû être bien content du discours de Z** ; il s'est d'abord franchement *établi sur le grand principe* de la souveraineté, et de là, dominant son sujet de toute la hauteur de sa pensée, il a fort bien prouvé que le *vaisseau de l'Etat battu par la tempête révolutionnaire*, et froissé contre tant d'écueils, ne pouvait trouver d'abri que dans le port de la monarchie constitutionnelle, vers laquelle il fallait se hâter d'*activer sa marche*.

« Vos deux dialogues, me dit mon Encyclopédiste en interrompant ma lecture, ne prouvent point que la langue française ait dégénéré pendant votre longue absence. A l'époque la plus brillante de notre histoire littéraire, n'avons-nous pas eu un hôtel Rambouillet, dont les *précieuses* ne parlaient pas la langue de Fénélon et de Racine? La comédie des *Mots à la mode*, de Boursault, en est la preuve. Du tems de Montesquieu et de Voltaire, le jargon de Crébillon fils et de Marivaux n'était-il pas à la mode parmi des gens qui se donnaient pour la bonne société? Quant à la néologie que de nouvelles institutions politiques ont dû nécessairement introduire dans le langage, c'est une véritable acquisition qu'il a faite, et dont il me semble injuste de se plaindre. La science de la législation, comme toutes les autres, a ses termes techniques, que l'usage fait insensiblement passer des assemblées délibérantes, où le besoin les a créés, dans la conversation familière, où ils n'ont pas d'équivalent.

» Les exemples de mauvais goût, de mauvaises locutions que vous m'avez cités, et beaucoup d'autres que vous auriez pu me citer encore en vous rappelant quelques dialogues entre les habitués des théâtres du mélodrame et des Variétés, n'empêchent pas que la langue française n'ait conservé toute sa supériorité, et que les Français ne lui doivent une grande partie de l'art de la conversation, où ils excellent. Ce n'est pas qu'on ne puisse assez généralement appliquer aux conversations des gens du monde le proverbe persan : *J'entends le bruit de la meule, mais je ne vois pas la farine;* et qu'on ne songe involontairement, au milieu de gens qui parlent sans s'écouter et sans se répondre, à cette fameuse plaidoirie de trois sourds : le demandeur parlait d'*arrérages*, le défendeur de *pâturage*, et le juge déclare nul le *mariage*, dépens compensés : mais ce reproche que l'on fait depuis si longtems aux Français de parler tous ensemble, leur a presque toujours été adressé par des gens qui parlaient tout seuls, et qui voulaient assujétir la conversation familière aux formes d'une discussion méthodique, qui en détruisent en un moment tout le charme.

» C'est au talent de causer, dont les femmes de Paris ont fait une étude particulière, qu'elles doivent en partie l'influence qu'elles exercent dans la société; c'est d'elles que les hommes ont appris, ce qu'ils ignorent partout ailleurs, que la conversation est un champ ouvert où chacun peut se jouer en liberté, mais que personne n'a le droit de labourer à son profit; qu'il faut y effleurer tous les objets, et ne s'appesantir sur aucun; que la plaisanterie, toujours prête à en bannir la dispute et le pédantisme, doit y respecter constamment la religion, la vieillesse et le malheur. Les femmes, en qualité de modératrices de la conversation, ont posé des bornes au-delà desquelles la contestation dégénérerait en dispute, l'épigramme en sarcasme, et le sel attique en amertume. Une d'elles a dit, avec un grand bonheur d'expression : « Si vous forcez les autres à craindre votre esprit, vous aurez bientôt occasion de craindre leur mémoire ».

» Le plus grand fléau de la conversation, en France, c'est la politique. semblable à ces racines vivaces qui s'alongent, s'enlacent et vous arrêtent à chaque pas dans les allées d'un jardin, la politique a depuis quelque tems envahi le domaine de la conversation : elle se prend à tout, se joint à tout, et trouve le moyen de séparer tout ce qu'elle réunit. Ce qui contribue à propager le mal, c'est que les femmes en sont atteintes, et qu'oubliant, pour la première fois, le plus cher de leurs intérêts, celui de plaire, elles descendent dans une lice où leurs efforts sont des contorsions, et leur triomphe même un ridicule. Heureusement elles commencent à s'en apercevoir, et quelques-unes ont déjà repris leur place dans la galerie. »

N° XIV. — 11 *novembre* 1815.

LES REVENDEUSES A LA TOILETTE.

C'est une illustre, au moins, et qui sait en secret
Couler adroitement un amoureux poulet;
Habile en tout métier, intrigante parfaite,
Qui prête, vend, revend, brocante, troque, achète;
Met à perfection un hymen ébauché,
Vend son argent bien cher, marie à bon marché.

REGN., *le Joueur*, act. 5.

DANS une ville aussi populeuse que Paris, on a besoin d'un métier qui rapproche les distances, les conditions et les fortunes. Si chaque classe restait invariablement dans les limites qui lui sont assignées, le luxe verrait bientôt rétrécir son domaine. L'éclat de cette grande capitale tient particulièrement au besoin que chacun éprouve de sortir de sa sphère; il en résulte un effet à-peu-près semblable à celui qu'on remarque dans une foule où l'impulsion, communiquée de proche en proche par le dernier rang, se fait sentir jusqu'au premier, qu'il porte souvent plus loin qu'il ne veut. Dès l'instant que l'humble *ouvrière* veut s'élever à la condition de *grisette*, celle-ci, pour éviter le voisinage, cherche à monter à l'état de *bourgeoise;* dès-lors, la bourgeoise se croit autorisée à prendre les airs d'une *dame*, et la dame à son tour s'efforce de prendre des airs de *princesse*.

De ce besoin de gagner l'étage supérieur a dû naître celui d'y paraître convenablement. Il a fallu dès-lors inventer des moyens pour se procurer, avec le simple nécessaire, les commodités de la vie, et les recherches de l'opulence avec les revenus de la médiocrité. De pareils résultats s'obtiennent rarement sans que la délicatesse n'ait à s'en plaindre; mais du moins faut-il convenir que ce genre d'industrie a été perfectionné, de nos jours, de manière à dissimuler habilement ce qu'il peut avoir de trop honteux.

C'est aux *revendeuses à la toilette* qu'on en est, en grande partie, redevable. Leur profession n'est cependant pas tout-à-fait moderne; elle date déjà de plus d'un siècle dans l'histoire de nos mœurs. Regnard, en 1694, avait déjà mis sur le théâtre une madame *La Ressource*, qui prêtait aux jeunes gens de bonne famille

> Sur des nantissemens qui valent bien leur prix;
> De la vieille vaisselle au poinçon de Paris;
> Des diamans usés et qu'on ne saurait vendre.

Quinze ans après, Le Sage a mis en scène une Mme *Jacob*, que l'on peut regarder comme le prototype des revendeuses à la toilette. Tous les secrets du métier sont développés par cette malheureuse sœur de M. Turcaret :

« Je revends à la toilette, dit-elle; j'ai l'hon- » neur de fournir des dentelles, des rubans et » des pommades à Mme Dorimène; je viens de l'a- » vertir que j'aurai tantôt un bon hasard; mais » elle n'est point en argent, et m'a dit, Mon- » sieur, que vous pourriez vous en accommo- » der. »

L'intrigue, l'esprit et les mœurs de Mmes La Ressource et Jacob sont encore aujourd'hui les qualités de toutes les femmes de cette profession; elles se mêlent de tout, négocient en même tems une affaire d'intérêt et une affaire de cœur; déploient le même talent pour la vente d'un cachemire et pour la remise d'un billet-doux; elles se prêtent à toutes sortes de rôles : elles sont veuves ou mariées, mères ou tantes, suivant l'occasion; occupent une échoppe, une boutique, une *petite maison* ou un hôtel, suivant la circonstance. Elles ont aux ordres de leurs pratiques, et selon leur rang, un cabriolet, une calèche ou une berline; une maison de campagne, une chambre de bain à Chaillot ou un cabinet au Cadran-Bleu; elles s'introduisent avec la même adresse dans le palais d'une duchesse ou dans le comptoir d'une marchande; elles parlent avec la même facilité le langage de l'honneur et celui de la corruption; revendeuses dans un salon, usurières dans un hôtel garni, émissaires dans un boudoir, elles s'acquittent également bien de ces différens emplois, qui se prêtent un mutuel secours. Personne n'entend comme elles le secret de satisfaire les goûts dispendieux d'une femme, sans effrayer l'avarice d'un mari; comme Figaro, « par la seule force de leur art, elles savent, d'un seul coup de baguette, endormir la vigilance, éveiller l'amour, égarer la jalousie, fourvoyer l'intrigue, renverser tous les obstacles. » Tels sont les traits principaux qui, de tout tems, ont caractérisé cette classe de femmes; mais je viens d'acquérir la preuve que, de nos jours, leur commerce et leur industrie se sont encore perfectionnés. Il y a quelques jours que je me trouvais assis aux Tuileries auprès d'un homme d'un certain âge, qui, renversé sur sa chaise appuyée contre un arbre de l'allée du Printems, nettoyait ses besicles avec une sorte d'affectation minutieuse qui arrêta sur lui mon attention; je reconnus ce personnage : c'était le même que j'avais rencontré dans un magasin de lingère, et qui m'avait donné sur cette classe d'ouvrières des renseignemens qui m'avaient été fort utiles.

Je le saluai : il se rappela mes traits, et, comme il est assez communicatif de sa nature, nous renouâmes facilement l'entretien. Je le mis sur le chapitre qui m'occupait, et je le laissai parler sans l'interrompre. « Je viens, me dit-il, habituellement passer chaque jour deux heures dans ce jardin : j'y prends des notes pour un journal manuscrit, où je jouis par anticipation du plaisir que je procurerai à mes lecteurs : ce journal est une Chronique galante de la capitale. Chaque écrivain a son genre d'érudition; je n'ai point été puiser la mienne dans la poudre des bouquins : peu m''importe de savoir dans quelle ville est né Homère ; combien il y a eu d'empereurs du nom de Comnène, ou de rois d'Egypte du nom de Ptolomée. A défaut de profit, je veux du plaisir, et j'en trouve beaucoup dans la composition de mon ouvrage : je me garderai bien de le publier de mon vivant ; je ne serais probablement pas assez heureux pour que mes contemporaines se contentassent de m'infliger la punition de Jean de Meung ; je craindrais d'avoir le sort d'Orphée.

» J'ai recueilli, avec un soin dont je crois être seul capable, toutes les anecdotes, toutes les aventures de coulisses, de salons, de cabinets, de boudoirs, qui se sont passées à Paris depuis vingt-cinq ans. Je ne pense pas qu'il y existe une femme (de celles qui fixent les yeux sur elles, dans quelque classe de la société que ce soit) qui ait pu me dérober une seule de ses intrigues. Ma science va plus loin : j'ai le tarif de toutes les vertus, de toutes les pudeurs de la capitale. Mon ouvrage sera enrichi de notices biographiques sur les beautés parisiennes, sans acception de rang et de fortune ; sur les hommes qui leur ont donné des soins ou qui les ont produites au jour, depuis l'ambassadeur jusqu'au moindre fournisseur d'armée. Le seul séjour des alliés, en 1814, me fournit un volume de mon histoire, où l'on trouvera la preuve de la dégénération sensible des *lords* et *gentlemen*, qui ont décidément perdu tout leur crédit auprès d'une classe de femmes dont ils étaient jadis la ressource.

»Vous concevez ce qu'un ouvrage de cette nature a dû me coûter de peines, de recherches et d'études ; j'ai été, je dois en convenir, singulièrement aidé dans mon travail par les revendeuses à la toilette; j'en ai six des plus fameuses à mes gages, et je fais à chacune d'elles un traitement annuel, dont je me rembourse, à-peu-près, sur les renseignemens qu'elles sont obligées de venir prendre chez moi.

» Ces femmes me tiennent au courant de toutes les mutations qui s'opèrent dans les liaisons amoureuses. J'ai mon livre de *transferes*, sur lequel je porte ces changemens; ce qui me donne le moyen de suivre dans toutes leurs phases ces petits astres terrestres depuis le moment où ils paraissent sur l'horizon jusqu'à leur déclin.

» De toutes les revendeuses à la toilette que

j'emploie, la plus habile et la plus célèbre est, sans contredit, la fameuse *Dubreuil ;* chaque état a son génie; celle-ci peut se flatter de posséder le génie du sien.

» Mme Dubreuil (poursuivit mon chroniqueur) est une femme d'une cinquantaine d'années ; les notes que je me suis procurées sur son compte, et quelques traces qu'on retrouve encore sur sa figure, indiquent qu'elle a été jolie et qu'elle a su pendant vingt ans apprécier un pareil avantage ; elle a été tentée, s'il faut l'en croire, de se retirer en province, où certain hobereau voulait, en l'épousant, trouver dans ses épargnes le moyen de relever son vieux donjon; mais le sort en a autrement disposé. Mme Dubreuil a un cœur sensible qui nuit à sa fortune : elle croit devoir rendre aux autres les services qu'elle en a reçus, et sa longue expérience est un bienfait dont elle se croit comptable envers la génération nouvelle. Une figure honnête, un maintien décent, une grande habitude du monde, une discrétion à toute épreuve, et un génie inventif pour qui tout est moyen, même l'obstacle, sont pour elle des ressources inépuisables qui ne lui permettent pas de regretter celles que le tems a taries : elle connaît mieux que personne au monde les besoins d'une jolie femme dont les principes luttent contre les goûts, et sa discrétion lui assure la plus brillante clientelle.

» C'est à Mme Dubreuil que M. N*** a dû pendant long-tems l'avantage d'entretenir avec un luxe égal sa femme et sa maîtresse : les dentelles, les cachemires de l'épouse passaient aux mains de la courtisane, en échange des diamans que celle-ci recédait à la revendeuse à la toilette, qui se contentait d'en changer la monture, avant d'en faire hommage à madame au nom de son mari. Par ces échanges, opérés à l'insu des parties, M. N*** s'est fait, avec le moins de frais possible, la réputation d'un mari généreux et d'un amant prodigue.

» Ce qui distingue plus particulièrement Mme Dubreuil de la foule des entremetteuses, c'est l'emploi libéral qu'elle fait de son crédit, de son expérience, et même de sa bourse, pour avancer et produire dans le monde les jeunes personnes qui lui semblent dignes d'y figurer un jour : je pourrais vous en citer plusieurs qui brillent aujourd'hui sur nos grands théâtres, et qui lui sont redevables de la robe et de la voiture dont elles ont fait usage pour faire leur première visite au gentilhomme de la chambre, de qui elles sollicitaient un ordre de début.

» Habile à protéger la fortune de celles qui s'élèvent, Mme Dubreuil se permet quelquefois, par compensation, d'aider à la ruine de celles qui se précipitent, et de tirer le meilleur parti possible de leur chute. Personne ne s'entend mieux qu'elle à acheter au plus bas prix ce qu'elle a vendu au plus haut. Son bon cœur ne l'abandonne cependant pas au milieu de ses spéculations : elle est toujours prête à tendre une main secourable à celle dont elle s'est approprié les dépouilles; elle la suit dans sa détresse, et ne manque pas de saisir, pour l'en tirer, l'occasion qui se présente, ou celle qu'elle fait naître.

» Admise dans l'intimité du boudoir, elle sait à-propos faire intervenir la partie mercantile de son art dans ces momens où l'or n'a de prix que celui que l'amour veut bien y mettre : ces instans fort courts, habilement saisis, lui ont souvent procuré le paiement de créances tout-à-fait désespérées. Un talent qui lui est encore tout particulier, c'est celui de se ménager la faveur des femmes-de-chambre;

elle sait que ce sont les intermédiaires indispensables pour arriver aux maîtresses; et, par une réciprocité de procédés utiles, plus d'une soubrette a vu récompenser, par les honneurs du salon, les services qu'elle lui avait rendus dans l'antichambre. Le rang et la condition ne sont rien pour Mme Dubreuil : elle voit toujours l'étoffe d'une grande dame dans la matière première d'une jolie fille.

» La morale de mon livre (car mon livre a la sienne, tout frivole qu'il paraît être, continua mon historien de ruelles) sera de prouver que les mœurs des femmes galantes, de l'époque où j'écris, ont gagné beaucoup, sinon en pureté, du moins en décence; que le vice a quelque chose de moins scandaleux, et que si Paris compte encore beaucoup de femmes *qui font parler d'elles*, aucune autre grande ville au monde ne renferme peut-être un plus grand nombre de celles dont *on ne parle pas*. »

N° XV. — 15 *novembre* 1815.

MON PROCES. *

Quæ venit indignè pœna, dolenda venit.
OVIDE, Ep. 5.
On peut se plaindre d'un mal qu'on n'a pas mérité.

M. DATÈS, mon procureur, a beaucoup d'affaires dans la tête, et moi je n'en ai qu'une, laquelle me cause, il est vrai, beaucoup plus d'embarras et d'inquiétudes que ne lui en donnent toutes celles dont il est chargé. Il se passe peu de jours sans qu'il ne me voie arriver chez lui, muni de quelque papier timbré dont mon portier me gratifie tous les soirs au moment où je rentre chez moi. L'habitude ne diminue pas l'espèce d'effroi que j'éprouve à la vue de ce détestable grimoire, que je n'ai jamais moins

* Voyez *les Hommes de Loi*, page 88.

compris que depuis que je commence à le déchiffrer. On ne s'imagine pas tout ce qu'une perruque de procureur peut enserrer de ruses, de détours de chicane, quand on n'a pas lu attentivement et d'un bout à l'autre une requête ou une assignation : le préambule n'est qu'inquiétant; les conclusions font frémir, et je mets en fait qu'il n'y a pas d'honnête homme, étranger aux mœurs du Palais, qui puisse y lire de sang-froid le détail de tous les malheurs dont la justice le menace. Je n'oublierai jamais la nuit que m'a fait passer la première assignation que j'ai reçue pour ce malheureux procès : je me croyais déjà condamné, aux termes de l'ordonnance :

« A payer à Mme de Savignac, ou à ses ayant-» cause, les sommes dues par le domaine de » Pageville, estimées depuis le commencement » de l'instance, au moyen du capital et des in-» térêts, au taux voulu par la loi, à la somme » de cent vingt-deux mille cinq cent trente-» deux livres tournois, et ce, sans préjudice de » cinquante mille francs de dommages appli-» cables aux héritiers Savignac; plus, le re-» cours à exercer contre ledit chevalier de Pa-

» geville pour les dégradations, dépérissement
» que lesdits domaines pourraient avoir souf-
» ferts entre ses mains; le tout payable dans le
» délai d'une année; se réservant, le deman-
» deur, de poursuivre l'exécution de la sentence
» à obtenir, par toutes voies de droit et même
» par corps, le cas échéant. »

A la lecture de ces réclamations juridiques, l'indignation et le découragement s'étaient emparés de moi; je maudissais du fond de mon cœur cette société ou plutôt cette caverne dans laquelle j'étais venu si vieux me jeter à l'étourdi : combien je regrettais mes savanes, mes forêts, ma cabane où je vivais à l'abri des recors, des huissiers et des procureurs!

J'attendis le jour avec impatience; M. Datès n'était pas levé lorsque je me présentai chez lui; je passai une heure d'angoisse à l'attendre dans son étude. Je lui remis, tout effrayé, le papier timbré que j'avais reçu la veille; il le prit avec indifférence, et, après en avoir lu les deux premières lignes : « Ce n'est rien, me dit-il, rien qu'une assignation à huitaine à la troisième chambre. — Eh! Monsieur! vous n'avez pas lu les infernales conclusions.... — Je les devine. — Ne croyez-vous pas que le parti le plus sage serait de me cacher en attendant? — Vous cacher! perdez-vous l'esprit? Tout ce qui vous effraie est purement de protocole; ces conclusions-là sont de forme, et celles que j'ai prises en votre nom contre Dufain et consorts les mèneraient tous à l'hôpital si nous en obtenions la dixième partie. — Vous ne pensez pas qu'il y ait de risque pour ma liberté? — Je pense que votre affaire est imperdable, et que Dufain, parvînt-il, comme il en est capable, à mettre votre bon droit en question, vous et lui seriez enterrés depuis dix ans, avant qu'on obtînt un arrêt définitif. Je me fais fort, au besoin, d'exciper de vingt incidens, qui tous doivent être plaidés, sans compter autant de jugemens par défaut dont nous sommes maîtres de poursuivre la cassation. — Croyez-vous nécessaire que j'aille voir mes juges? — Vous-même? c'est à-peu-près inutile; cependant, comme c'est un moyen que votre partie adverse ne négligera pas, je ne vois pas d'inconvénient à en user. Vous remettrez à chacun d'eux un exemplaire de votre mémoire. — J'ai donc fait un mémoire? — Vous, c'est-à-dire, votre avocat, M. Dorfeuil; mon confrère

Dufain y est habillé de main de maître. » En disant cela, M. Datès me remit vingt-cinq exemplaires d'un factum in-4° de dix-huit feuilles d'impression, où mon affaire se trouvait exposée dans un *Précis* de 144 pages. Les cliens se pressaient dans l'antichambre de mon procureur; je le quittai pour aller prendre connaissance de mon mémoire. Je le trouvai clair et laconique sur le point de fait; mais tellement embrouillé, tellement obscur sur le point de droit, que, juge dans ma propre cause, ma justice aurait fort bien pu embarrasser ma conscience : dès le lendemain, je songeai à faire mes visites.

Les préparatifs de cette cérémonie, jadis si importante pour un plaideur, m'occupèrent toute la journée. Je consultai Mme de Lorys : « Il y a une trentaine d'années, me dit-elle en souriant, que j'aurais pu vous éviter cette peine; aujourd'hui, nous ne pesons pas plus l'un que l'autre dans la balance de la justice, et vous ne gagneriez rien à emprunter ma voix. » Elle m'indiqua la marche que je devais suivre, l'habit que je devais prendre. Dès l'aube, comme *Chicaneau*, je me mis en course pour aller solliciter mes juges.

Ma liste à la main, mon paquet de mémoires dans la voiture, je m'acheminai vers le domicile du premier inscrit : c'était M. Jannissac. Je m'étais procuré des renseignemens sur chacun de mes juges ; je savais que celui-ci était issu d'une ancienne famille de robe, et que cet avantage lui donnait à ses propres yeux un degré de considération qu'il se témoignait volontiers lui-même. Je frappai à une porte-cochère d'assez belle apparence ; on tira le cordon, et je m'adressai à une petite loge à droite, sur laquelle étaient écrits ces mots sans orthographe : *Parlé au Suisse*. Ce Suisse était une vieille portière qui blanchissait des bas de soie ; elle me dit assez brusquement de m'adresser au laquais ; ce laquais, que je cherchais partout, n'était autre qu'un palefrenier qui lavait une antique berline ; il quitta sa voiture, et, laissant ses sabots au pied du grand escalier, ce Maître-Jacques, en qualité de laquais, me conduisit jusqu'au salon, où, devenu valet-de-chambre, il me laissa pour aller prendre les ordres de son maître.

J'attendis la demi-heure d'étiquette, que je passai à examiner l'ameublement de la pièce où je me trouvais : la tapisserie, qui remontait à la fondation des Gobelins, représentait les Amours d'Antoine et de Cléopâtre; deux grands tableaux en regard: l'un, d'après Bourdon, offrait un épisode des guerres de la Fronde; l'autre, peint par Vanloo, représentait la justice sous la figure d'un président-à-mortier, en robe rouge, foulant aux pieds des factums; je crus y découvrir quelques allusions à la famille de M. Jannissac. Après avoir bien examiné ces deux tableaux, et quelques vieilles caricatures visiblement dirigées contre le chancelier Maupeou, je pris un livre que je trouvai sur la cheminée, et je lus quelques pages d'une histoire du parlement de Paris pendant son exil à Pontoise.

M. le conseiller parut, et m'aborda par trois petites salutations où semblait s'être réfugié tout le cérémonial, toute la gravité de l'ancienne robe. Il prit mon mémoire, qu'il roula dans sa main en m'assurant qu'il en avait déjà connaissance: il articula les mots d'*équité*, de *principes*, d'*examen scrupuleux*; et après m'avoir poliment reconduit jusqu'à la moitié du salon en balançant sa tête avec beaucoup de dignité, M. le conseiller Jannissac me congédia d'un geste de protection dans lequel je crus découvrir une foule de choses, et, entr'autres, la nécessité de rétablir les parlemens. Je descendis sans autre cérémonial; et, remontant en voiture, je me fis conduire au faubourg Saint-Germain, chez M. Dorson.

J'appris qu'il habitait la campagne; qu'il n'avait à Paris qu'un pied-à-terre où on ne le trouvait que les jours d'audience. Je me faisais inscrire sur la liste de son portier, lorsque je le vis arriver dans une petite voiture de Sceaux, et descendre à sa porte. Au petit mouvement d'humiliation que je surpris sur sa figure, je compris qu'il n'était peut-être pas indifférent au gain de mon procès de lui laisser croire que je n'avais pas remarqué la modeste voiture qui l'avait amené. Il décacheta, *avec ma permission*, quelques lettres qu'il trouva chez son portier, et passa devant moi *pour me montrer le chemin;* je fus introduit dans un entresol dont l'ameublement, en fusils de chasse, en carnassière, en poire à poudre, ne rappelait en rien la profession de celui qui l'occupait.

M. Dorson m'assura qu'il connaissait parfaitement mon affaire, sans se douter que j'avais reconnu mon mémoire parmi les papiers qu'on venait de lui remettre. L'heure l'appelait au Palais ; il me demanda la permission de s'habiller devant moi ; je crus devoir profiter de l'occasion pour lui donner quelques explications importantes sur le fond du procès que l'on m'avait si injustement suscité : l'attention qu'il me prêtait ne l'empêchait pas de m'interrompre de tems en tems, pour sonner son domestique, pour lui donner des ordres, pour faire monter la portière et l'interroger sur les commissions dont il l'avait chargée pendant son absence. Il ne parut s'apercevoir de l'inconvenance de son procédé que lorsqu'il me vit prendre congé de lui sans achever la phrase que j'avais commencée. Alors il redoubla de politesses, d'égards, et me laissa convaincu qu'il ne suffit pas d'avoir les qualités de son état, mais qu'il faut encore en avoir la vocation pour le bien remplir.

Le troisième Rhadamanthe chez lequel je me présentai demeurait à la Chaussée-d'Antin ; il était au moment de sortir : son cabriolet l'attendait dans la cour, et son jockey me pria de ne pas retenir son maître trop long-tems. Celui-ci me reçut le plus cavalièrement du monde, et trouva le moyen de m'apprendre, pendant les cinq minutes de conversation que nous eûmes ensemble, « qu'il avait vingt-huit ans; qu'à défaut d'une compagnie de hussards qu'il sollicitait, il y a trois ou quatre ans, il avait obtenu, à sa grande surprise, une place de conseiller dans une cour supérieure; qu'il l'avait acceptée pour faire quelque chose; mais qu'il finirait un jour ou l'autre par troquer sa simarre contre un dolman, qui lui siérait beaucoup mieux: qu'au demeurant, il avait reçu mon mémoire; qu'il me promettait de s'en occuper, et de faire pour moi tout ce qui serait en son pouvoir; puis, se rappelant tout-à-coup qu'il m'avait vu chez Mme de Lorys, il m'assura, en termes pleins d'obligeance, qu'il prenait à mon affaire l'intérêt le plus vif; » mais comme il s'aperçut que je me préparais à mettre sa bienveillance à l'épreuve en entrant avec lui dans quelque explication sur la nature et l'origine de mon procès, « il me pria de remettre l'entretien à la première assemblée de Mme de Lorys, où il ne manquerait pas de se trouver tout exprès pour m'entendre. » Cela dit, en me reconduisant jusqu'au bas de l'escalier, il sauta dans son cabriolet, et disparut au grand trot de son cheval.

J'étais bien tenté de borner là le cours de mes visites, dont je n'apercevais encore ni le but, ni l'utilité; le nom de Laxeuil, que je trouvai sur ma liste, en me rappelant celui d'un magistrat dont la réputation héréditaire avait traversé sans tache les années orageuses de notre longue révolution, me décida sans peine à remplir envers lui une formalité qui pourrait fort bien n'être qu'un abus.

Je me fis conduire chez ce magistrat : il habite une petite maison dans l'île Saint-Louis, dont l'extérieur décent prévient en faveur de l'ordre et de l'aisance de celui qui l'occupe. Au coup de sifflet du portier, un domestique vint me recevoir, et me conduisit dans une salle du rez-de-chaussée, où M. de Laxeuil déjeûnait en famille ; il tenait sur ses genoux un enfant de cinq ans auquel il s'amusait à faire épeler le frontispice d'un Télémaque ; une de ses filles, âgée de douze ou treize ans, dessinait dans l'embrasure d'une croisée, et Mme de Laxeuil faisait à sa belle-mère, infirme, la lecture d'un journal.

Ce magistrat, dont la gravité n'a rien d'austère, me reçut avec une politesse froide, la seule qu'on soit en droit d'exiger de l'homme en place qui ne vous connaît pas; il remit son fils à sa gouvernante, et me pria de passer dans son cabinet; tout y inspirait le respect et la confiance : une antique bibliothèque en garnissait le pourtour; sur la cheminée, un buste en bronze du chancelier de Lhôpital servait de pendant à celui de d'Aguesseau; un beau portrait de Mathieu Molé se trouvait en regard avec celui de M. de Malesherbes. Des mémoires de parties, des rapports, plusieurs dossiers étiquetés avec soin étaient rangés sur un vaste bureau placé au milieu du cabinet.

M. de Laxeuil me parla de mon affaire avec autant de précision que de clarté, et, sans me laisser même entrevoir son opinion, il me dit en souriant que le nom de mon adversaire était de bon augure pour ma cause. En me reconduisant jusqu'à la porte extérieure, par un excès de civilité dont j'étais redevable à mon âge, il s'éleva poliment contre cette coutume abusive des visites en matière de procédure, dont la séduction, en dernière analyse, était toujours le motif, quelquefois même à l'insu de ceux dont elle dirigeait les démarches.

La leçon ne fut point perdue; j'achevai de

payer mon tribut à l'usage, en me faisant écrire chez ceux de mes juges à qui j'évitai l'ennui de ma visite ; et tranquille, autant qu'on peut l'être en se reposant sur son bon droit, j'attendis mon jugement.

N° XVI. — 19 *novembre* 1815.

UNE NUIT AU CORPS-DE-GARDE.

Quid est suavius quàm benè rem gerere bono publico!

PLAUTE, *les Captifs*, acte 3, sc. II.

Quoi de plus honorable que de bien s'acquitter d'un devoir qui tend à l'utilité publique!

La révolution a produit bien des maux : elle a causé de grands ravages, de grands malheurs, de grandes injustices; tout le monde en convient; la révolution a déraciné de honteux préjugés, d'intolérables abus; elle a amené des réformes indispensables et fondé des institutions utiles; voilà ce qu'on ne saurait nier, et ce dont il importe de convaincre des hommes dont la mémoire est sujette à tromper le jugement, et qui s'arment trop souvent des regrets du passé contre les espérances de l'avenir.

Au premier rang de ces institutions utiles fondées au sein de nos orages politiques, comme le nid de l'alcyon au milieu des vagues, il faut compter l'établissement de *la Garde nationale*. Rien de plus noble dans son but, de plus généreux dans son exécution que cette association volontaire des habitans d'une même ville, où chacun, tour-à-tour soldat et citoyen, veille pour le repos de tous, et s'endort le lendemain dans une sécurité dont il trouve à son tour la garantie dans la vigilance des autres.

Je conçois tout ce qu'un pareil état de choses doit avoir eu de pénible, dans le principe, pour cette classe de Parisiens à qui il en coûte tant de se *désheurer*, comme dit le cardinal de Retz; qui, totalement étrangers à la discipline militaire, n'avaient jamais reçu d'ordres que de leurs femmes, et dont la pendule réglait invariablement les pacifiques habitudes; mais, d'un autre côté, j'ai vécu si long-tems parmi les nations sauvages, pour qui le mot patrie est synonyme de famille; où les charges et les bénéfices de la société sont si également répartis; où l'intérêt de l'individu est si étroitement lié à l'intérêt de la peuplade, que je n'estime peut-être pas assez les avantages de cette civilisation européenne à laquelle nous devons ces armées régulières sur qui reposent au-dehors la défense et la gloire de la patrie, et ces légions de gendarmes, chargées dans l'intérieur du maintien de l'ordre et de la tranquillité publique.

Un petit billet que j'ai trouvé la semaine dernière chez mon portier a donné lieu à ces réflexions, et me fournira la matière de ce discours : c'était un *billet de garde*. En achevant de le lire, avec le secours de mes lunettes, je jetai malheureusement les yeux sur une glace en face de laquelle j'étais placé, et où je trouvai la preuve que le sergent-major de ma compagnie, en me commandant de service, n'avait pas consulté mon extrait de baptême. Pour toute réclamation, je résolus de me présenter en personne, et je mis à honneur de passer, à près de quatre-vingts ans, une nuit au corps-de-garde. N'ayant pas dû compter sur l'invitation qui m'était adressée, je n'avais pas songé à me faire faire un uniforme; en conséquence, je me rendis au lieu qui m'était assigné, muni de deux ou trois gilets bien chauds, recouverts d'une redingote bleue, laquelle, à l'aide d'un petit chapeau à trois cornes et de deux baudriers en sautoir, me donnait une certaine tournure militaire qui pouvait, à la rigueur, me tirer de la classe des *bisets*. *

Ma présence dans les rangs excita un mouvement de surprise auquel je m'étais attendu; mes camarades, parmi lesquels je ne comptais pas de contemporains, paraissaient vouloir se contenter de cette preuve de mon dévoûment, et l'officier, s'approchant de moi avec un respect tout-à-fait lacédémonien, m'autorisa très-obligeamment à regagner mon logis; je tenais à mettre à fin mon entreprise: je ne profitai point de la permission.

Notre poste était composé de vingt hommes, commandés par un sous-lieutenant. Nous partîmes de la cour de la Bibliothèque, où nous avions été réunis, pour nous rendre dans la rue du Lycée, près du Palais-Royal. Nous prîmes possession du poste avec tous les honneurs militaires; le sergent numérota ses hommes pour les factions, et, afin de m'en éviter la fatigue, on exigea que je fisse les fonctions de caporal.

Je venais de placer ma dernière sentinelle au bas du grand escalier du Palais, quand on vint

* Nom que l'on donne familièrement aux gardes nationaux qui ne peuvent ou ne veulent pas s'habiller.

nous requérir en toute hâte pour porter du secours à un malheureux renversé par un cabriolet qui lui avait cassé la jambe, au coin de la rue du Coq; aussitôt on tire de dessous le lit de camp la civière dont chaque corps-de-garde est muni. On envoie chercher des porte-faix; il ne s'en trouve pas sur la place : deux de nos jeunes gardes nationaux, les plus étrangers à ce métier par leur rang dans le monde, s'offrent obligeamment à en servir; ils endossent la bricole, et je les suis avec quatre hommes armés. Nous arrivons; la foule se pressait autour du blessé gémissant entre les bras de quelques femmes qui lui prodiguaient des secours et sollicitaient pour lui la pitié publique, dont il avait déjà reçu de nombreux témoignages; nous nous faisons jour jusqu'à lui. Je donne ordre de le placer sur la civière : il ouvre languissamment les yeux, et n'aperçoit pas plutôt la garde nationale, qu'à la grande surprise des spectateurs il se relève avec l'agilité d'un écureuil, et s'enfuit à toutes jambes. Nos camarades, non moins alertes que lui, se mettent à sa poursuite, l'amènent au corps-de-garde, où il nous fait l'aveu d'un genre d'industrie déjà signalé, au moyen duquel il mettait un impôt sur la pitié publique. Quelques jours de prison ne l'auront probablement pas décidé à renoncer à une profession qu'il exerce depuis plusieurs années avec autant d'habileté que de profit.

Installés dans notre corps-de-garde, le tambour se mit en devoir d'allumer le poële avec quelques coterets de bois vert, dont l'épaisse fumée nous força bientôt d'abandonner la place, et d'aller pendant quelques momens chercher un refuge dans le café voisin : les camarades, en attendant l'heure de la faction, se mirent à jouer aux dames et aux dominos.

Les alertes sont fréquentes dans le voisinage du Palais-Royal : la première eut pour objet un filou qui s'était glissé à la Bourse, et qui, malgré nos recherches, parvint à se perdre dans la foule; la seconde fois, il était question d'un scandale donné en plein jour par quelques *demoiselles* qui n'ont d'immunités pour l'exercice de leur profession qu'après le coucher du soleil. Nous fûmes requis, une heure après, pour prêter main-forte à des agens de police chargés d'une saisie chez un libraire : à l'air calme et presque satisfait de celui-ci, pendant qu'on enlevait de chez lui une centaine d'exemplaires d'un ouvrage mis à l'*index*, j'aurais parié que le contrebandier littéraire avait mis la plus grande partie de l'édition en sûreté, et qu'il avait compté sur cette visite de la police pour donner à un insipide libelle la vogue d'un livre défendu.

La nuit approchait; chacun revenait au poste après avoir été dîner chez soi ou chez les restaurateurs des environs. Le tambour apportait au corps-de-garde les carricks, les manteaux, les capotes et les bonnets fourrés dont les plus prévoyans ont soin de se munir pour passer la nuit; ceux-ci marquaient, par un oreiller ou par une couverture, leur place sur le lit de camp; ceux-là jouaient à la triomphe ou au piquet sur le poële; d'autres fumaient; d'autres, en cercle autour de la lampe, écoutaient la lecture d'un journal que faisait à haute voix l'un des camarades, et l'officier, la cigare à la bouche, dans son grand fauteuil, donnait ses ordres pour le service de la nuit avec autant de sang-froid que Chevert au siége de Prague.

La première patrouille que nous fîmes sortir et que je commandais, fut appelée par la clameur publique, sous les galeries du Palais-Royal, dans une maison de jeu où un jeune homme vevait de se brûler la cervelle, sans que cet événement eût interrompu la *taille*. Pendant que le commissaire de police dressait procès-verbal, dans la chambre voisine, d'une catastrophe dont la victime expirait sous nos yeux, un homme de notre escouade, que j'avais posé en faction à la porte de la salle où l'on jouait, s'amusa à perdre tout l'argent qu'il avait sur lui. A en juger par la fureur où l'avait mis la somme qu'il avait déjà perdue, il est permis de croire que si je ne l'eusse pas relevé à tems, il eût pu fournir au commissaire de police l'occasion d'un second procès-verbal : tant il est vrai qu'en fait de passion il faut éviter l'occasion qui séduit toujours, sans compter sur l'exemple qui ne corrige presque jamais ! Nous ramenâmes au corps-de-garde un officieux qui se trouva nanti, par hasard, de la montre du jeune homme mort qu'il s'était empressé de secourir.

En achevant notre tournée sous les arcades, nous réglâmes plus d'un différend entre les nymphes qui peuplent ces galeries et quelques officiers étrangers disposés à croire que le droit de conquête s'étend aussi sur cette espèce de muséum, dont l'enlèvement n'aurait pas produit d'aussi vives réclamations que celui du Louvre.

Vers une heure, tout était tranquille au corps-de-garde : les lectures, les jeux, les chants avaient cessé ; tout le monde, excepté moi, dormait d'un profond sommeil, et le silence de la nuit n'était interrompu que par le ronflement d'un gros *biset*, dans le nez duquel l'air s'engouffrait avec un bruit épouvantable. Tout-à-coup la sentinelle crie au feu ; en un moment le poste est sur pied, et un détachement de dix hommes, dont je fais partie, se porte en hâte vers le lieu où se manifestait l'incendie.

Nous arrivâmes avant les pompiers, et notre premier soin, en approchant d'une maison en feu dont les habitans jetaient les hauts cris, où le danger s'accroissait par l'épouvante et par le désordre, fut d'enfoncer les portes et d'en faire sortir le plus promptement possible les femmes, les enfans, sur qui se porte le plus pressant intérêt et auxquels sont dus les premiers secours. C'est une justice à rendre aux Parisiens : il n'est pas d'hommes au monde plus sensibles à la pitié : la garde nationale, que l'on peut regarder comme l'élite des habitans de cette grande ville, ne pouvait manquer de donner en cette circonstance l'exemple du zèle et du courage : les postes voisins se joignirent au nôtre ; les pompiers accoururent; et telles furent la promptitude, l'intelligence et l'efficacité des secours, qu'en moins de deux heures un incendie qui menaçait tout un quartier fut éteint sans qu'il en coûtât la vie à personne, et sans que le feu ait étendu ses ravages au-delà de l'appartement où il s'était manifesté.

Il était près de trois heures lorsque nous rentrâmes; et, tout en buvant un bol de punch que notre officier avait fait préparer, nous nous entretenions du drame dont nous venions d'être témoins et acteurs. Une nouvelle aventure vint nous offrir le sujet de la petite pièce.

Nous vîmes arriver un bon bourgeois d'une cinquantaine d'années, porteur d'une de ces figures qu'on ne trouve qu'à Paris, dont la candeur a quelque chose de si comique, et l'importance quelque chose de si burlesque, qu'on commence toujours par rire de leur présence avant de connaître l'objet de leur visite : celui-ci, dont la maison était voisine de notre corps-de-garde, venait nous prier de le faire rentrer chez lui. « Il avait été dîner à la campagne chez un ami où il devait coucher : mais cet ami, qui logeait plusieurs officiers étrangers, n'ayant pas de lit disponible, il avait été forcé de revenir; et sa femme, jalouse à l'excès, refusait de lui ouvrir la porte : il se réclamait d'un de nos camarades avec lequel il était intimement lié, et qu'il savait être de garde au poste que nous occupions. »

La personne dont il invoquait le témoignage avait obtenu, je ne sais sur quel motif, la permission de s'absenter pendant quelques heures de la nuit; on n'en montra pas moins d'empressement à lui rendre le service qu'il venait réclamer : trois hommes furent commandés avec moi, pour aller sommer la dame de recevoir son mari.

Nous frappons à coups redoublés : une fenêtre de l'entresol s'ouvre, l'épouse délaissée paraît, et, d'un son de voix très-doux qui semblait appartenir et qui appartenait en effet à une très-jeune femme, elle nous fait l'énumération des griefs qu'elle avait contre son mari : il s'excuse d'un ton de vérité qui nous persuade en même tems qu'il nous fait rire : nous commençons par intercéder pour lui; la jeune dame, qui paraissait vouloir gagner du tems, nous invite, au nom des mœurs, à faire passer à son mari la nuit au corps-de-garde; nos jeunes gens, qui se mettent d'autant plus volontiers à la place de ce dernier, que sa femme, dont ils distinguent les traits au clair de la lune, leur paraît fort jolie, insistent pour qu'elle ouvre; j'en donne l'ordre formel, en menaçant d'employer les moyens de rigueur; elle se décide enfin pour éviter le scandale; après quelques minutes la porte de l'allée s'ouvre ; nous montons sans lumière avec le mari, qui se confond en remercîmens, et nous ne le quittons qu'après l'avoir entendu refermer sur lui la porte de son appartement : nous retournons au corps-de-garde; nous étions quatre quand nous en sommes sortis, nous nous trouvons cinq en y rentrant, et de ce nombre était le garde national absent par permission, dont le bon mari s'était particulièrement réclamé : sa présence inattendue excita d'interminables éclats de rire, qui redoublèrent à la vue de son sabre et de sa giberne placés sur la même épaule, et d'une de ses guêtres mise à l'envers.

N° XVII. — 23 *novembre* 1815.

L'AMBITIEUX.

Je ne charge pas un ennemi seul ; j'attaque une armée entière.

— Non siculæ dapes
Dulcem elaborabunt saporem ;
Non avium cytharæque cantus
Somnum reducent.

Hor., Od. 1, liv. III.

Les mets les plus exquis ont perdu pour lui leur saveur ; le chant des oiseaux, les instrumens de musique les plus harmonieux ne lui rendront point le sommeil.

De toutes les passions qui tourmentent le cœur humain, l'ambition, que l'âge augmente, que les revers irritent, que les succès enflamment; qui ne connaît ni but, ni repos, ni trêve; l'ambition, dis-je, est l'ennemie la plus irréconciliable du bonheur de l'homme. Cent moralistes l'ont dit avant moi; à l'appui de leurs préceptes, je me contenterai de citer un exemple, et de présenter à mes lecteurs un tableau dont la vue a fait sur mon esprit une impression profonde que je désirerais leur faire partager.

Le procès dans lequel je suis engagé m'a fait retrouver un parent assez proche, dont je ne soupçonnais pas même l'existence, et le besoin des renseignemens que je ne pouvais obtenir que de lui m'avait conduit, il y a deux mois, dans la terre qu'il habite aux environs de Creil, sur les bords de l'Oise. L'image du bonheur ne s'était jamais offerte à mes yeux sous un aussi ravissant aspect.

M. de Sergis, âgé de quarante-cinq ans tout au plus, homme d'esprit, possesseur d'une grande fortune dont il faisait le plus honorable usage, était l'époux d'une femme de dix ans plus jeune que lui, dont la beauté n'était que la moindre des perfections; il est impossible de réunir plus de vertus, de talens et de grâce. Le Ciel, qui semblait avoir pris à tâche de combler M. de Sergis de toutes ses faveurs, lui avait donné deux enfans (un fils de dix-sept ans et une fille de seize) doués de ces figures idéales qu'Angélica Koffman ou Prud'hon se sont plu à créer.

Je fus accueilli avec une extrême bonté dans

cette heureuse famille, dont l'habitation charmante aurait mérité d'être décrite par le chantre des *Jardins*.

Je retournai souvent dans ce château, où j'aimais à me convaincre que la félicité humaine avait enfin trouvé un asile. Un jour que M. de Sergis était absent, je crus, pour la première fois, remarquer un nuage d'inquiétude et de tristesse sur la figure de sa femme. Mon âge, mes relations de parenté donnèrent un prétexte à mon indiscrétion; je lui fis part d'une remarque qui m'alarmait: « M. de Pageville, me dit-elle avec un profond soupir, vous m'avez souvent félicitée sur mon bonheur; je le croyais inébranlable sur les bases où je l'avais fondé; cependant j'ai tout lieu de craindre de le voir incessamment renversé.... (et répondant, sans l'attendre, à une question que la surprise allait m'arracher:) L'ambition, continua-t-elle, s'est emparée du cœur de mon époux: les événemens politiques, en lui rappelant ce qu'il doit à ses ancêtres, l'égarent sur ce qu'il se doit à lui-même et à ses enfans. Il s'est montré à la cour: on s'y est souvenu de son nom; dès ce moment, les fumées de l'ambition, les rêves de la grandeur ont troublé ses esprits, altéré son jugement, et peut-être détruit pour toujours son repos et le nôtre. »

Cette dame entra avec moi dans le détail des circonstances qui avaient amené cette révolution subite dans les principes et dans le caractère de son époux; elle me parla de ses nouvelles liaisons, de ses projets ambitieux dont il ne faisait déjà plus mystère, et finit par me prier instamment d'employer, pour le ramener à des idées plus saines, tous les moyens de persuasion que pouvait me suggérer ma longue expérience des hommes.

Ce jour là même, je le vis arriver à la campagne dans l'étrange appareil d'un ancien courtisan de l'*Œil-de-Bœuf;* il embrassa d'un air distrait sa femme et ses enfans, et donna l'ordre à ses gens de tout préparer pour retourner le lendemain à la ville.

« En trois jours, j'ai terminé de grandes affaires (me dit-il en s'asseyant près de Mme de Sergis, qui l'écoutait avec une inquiétude visible) : j'ai fait l'échange de cette terre, qui est beaucoup trop loin de Paris, contre un des plus beaux hôtels du faubourg Saint-Honoré; j'ai obtenu pour Jules (c'est le nom de son fils) un brevet de sous-lieutenant de cavalerie, et j'ai reçu pour ma fille (ajouta-t-il en se penchant à l'oreille de sa femme) des propositions de mariage auxquelles je n'ai pas voulu répondre, toutes brillantes, toutes inespérées qu'elles sont, avant de vous avoir consultée. » Mme de Sergis, après avoir pris un prétexte pour faire sortir ses enfans, voulut représenter à son mari « que les études et les dispositions de son fils l'appelaient dans la carrière des lettres; qu'ils avaient déjà contracté pour leur fille une sorte d'engagement où tous les rapports de goût, d'âge, de convenances se trouvaient réunis; » mais il écouta ses représentations avec tant d'impatience, il y répondit d'un ton si sec, que Mme de Sergis se leva et sortit pour cacher l'émotion trop vive dont elle n'était plus maîtresse.

« On n'accusera pas ma femme d'être ambitieuse (dit-il avec un sourire forcé)! — Non, sans doute; mais ce reproche, mon cousin, ne pourrait-il pas vous atteindre? — Du moins je ne pense pas qu'il puisse raisonnablement s'adresser à celui qui se borne à faire valoir ses droits et à se replacer à son rang dans l'ordre social. — Vous étiez si bien !

Du désir d'être mieux naît le malheur des hommes,

a dit je ne sais plus quel poète. Est-il un rang dans la société au-dessus de celui où vous a placé la fortune? Riche, indépendant, honoré, chéri de tout ce qui vous entoure, vous jouissez des biens que les autres espèrent; et, quelque souhait que vous formiez maintenant, vous ne pouvez plus *aspirer qu'à descendre*. — Mon Dieu, j'ai goûté les charmes, et je connais le prix de cette *médiocrité d'or* que vous me vantez après Horace; mais on ne se doit pas seulement à soi-même, à sa famille; on a des devoirs à remplir envers son prince, envers ses concitoyens; et quand on est, comme moi, sur le chemin des honneurs, je pense qu'il y aurait plus d'égoïsme que de modestie à les fuir. Je vous dirai, à vous, mon cousin, ce que je n'ai pas encore osé dire à ma femme, que l'habitude a, pour ainsi dire, confinée dans la vie domestique : je suis à la veille d'obtenir une très-grande place et toutes les dignités qui l'accompagnent. Quelle excuse, quel prétexte même aurais-je pour la refuser ? Je vous le demande à vous-même, en vous priant de vous rappeler que j'ai quarante-cinq ans, et qu'un de mes aïeux a occupé le poste éminent que l'on paraît vouloir m'offrir. — Puisque vous me permettez de m'expliquer franchement, je vous répondrai qu'il est telles circonstances où les hommes en place qui se croient élevés ne sont qu'en l'air, et où les services que l'on peut rendre, avec les intentions les plus pures et le zèle le plus ardent, ne peuvent balancer le mal que l'on peut faire par le défaut d'expérience, de lumières et de talens supérieurs qu'exigerait alors une place de cette importance pour être dignement remplie; et, puisque vous me parlez de votre illustre aïeul, je dois vous montrer, dans sa réputation même, l'écueil où viendra nécessairement échouer la vôtre. On s'armera de sa force contre votre faiblesse, et, feignant de vous mesurer avec lui, on vous rabaissera de toute sa hauteur. — Avec de pareilles craintes, les descendans d'un grand homme se verraient toujours condamnés à l'obscurité. — Non; mais ils doivent éviter de briguer une gloire parallèle..... — On ne doit juger les hommes que par comparaison avec leurs contemporains ; et, comme dit Cicéron : *Que les grands soient un modèle pour le public, c'est tout ce qu'on leur demande.* * — En voyant de près ces grands, au milieu desquels vous allez vivre, vous en serez bientôt désabusé. Pour se désenivrer, il suffit, à ce qu'on assure, de dormir à l'ombre de la vigne : vous reconnaîtrez la chimère après laquelle vous allez courir; mais vous ne serez pas maître de renoncer à sa poursuite. Fontenelle a fort bien comparé la soif de l'ambitieux à celle de l'hydropique, *qui s'irrite et s'accroît à mesure qu'on cherche à la satisfaire.....* »

Je mis en usage tout ce que mon esprit, mon cœur et ma mémoire purent me fournir d'argumens, pour démontrer à Sergis qu'il avait déjà fait un mauvais marché en troquant son château contre un hôtel, et qu'il se préparait à en faire un bien plus mauvais encore, en échangeant le bonheur dont il jouissait contre de brillantes illusions auxquelles il avait déjà fait le sacrifice des sentimens les plus doux, et qui finirait par exiger celui des devoirs les plus chers. Le rai-

* *Cæteris specimen esto, quod si est tenemus omnia.*
Pensées de CICÉRON.

sonnement, qui ne sait que convaincre, l'emporte rarement sur la passion qui persuade. Mon cousin trouva que je prêchais à merveille, me remercia de mes conseils et ne les suivit pas.

J'avais été long-tems sans le revoir. La voix publique m'apprit le double malheur dont il avait été frappé coup sur coup : il avait marié sa fille à un homme puissant, qui fut disgracié et forcé de s'expatrier, un mois après son mariage; son fils, dont il avait forcé l'inclination pour le faire entrer au service, avait été tué en duel, en prenant la défense de son beau-frère attaqué dans son honneur par un de ses camarades.

Je sentis tout ce que ma vue pouvait avoir de pénible pour M. de Sergis dans les premiers momens de sa douleur; je me contentai de me faire écrire à sa porte.

Mon procès, à la veille d'être jugé, et dans lequel il intervient comme un des héritiers de la dame qui plaide contre moi du fond de son tombeau, me força, ces jours derniers, de me présenter chez lui. Jamais contraste plus affligeant n'avait frappé mes yeux : Mme de Sergis, chez laquelle je fus introduit d'abord, et que j'eus de la peine à reconnaître, tant le chagrin avait altéré ses traits, portait, contre l'usage, le deuil de son fils ; l'empreinte aride du désespoir était sur sa figure. Elle retrouva quelques larmes en me voyant. Quelle autre consolation pouvais-je lui donner que de pleurer avec elle ? En contemplant cette femme adorable (que j'avais vue, quelques mois avant, la plus heureuse des épouses et des mères), flétrie par la douleur, sans famille, seule au milieu d'un palais où le désespoir habitait avec elle, je faisais de bien douloureuses réflexions ; la présence de son mari m'en fit naître de bien amères.

Je le trouvai dans un cabinet où je ne parvins qu'en traversant la foule des solliciteurs qui se pressaient dans les salons et dans les antichambres ; il ne me dit pas un mot de sa femme ni de ses enfans ; son air était sec, son front soucieux. Il était aisé de voir, au premier coup-d'œil, que le poids des affaires écrasait sa faiblesse, qu'il errait dans un labyrinthe où chaque pas l'égarait davantage. Il convint avec moi qu'il ne s'était imposé qu'un honorable tourment : sans cesse entouré d'envieux et de flatteurs, tourmenté par des lettres anonymes, espionné, calomnié, persécuté par des ennemis déguisés sous toutes les formes, il n'avait de repos ni jour ni nuit, et cependant son plus grand supplice était la crainte de perdre une place devenue pour lui la source intarissable de tous les maux dont il était assiégé. Quel dédommagement y trouvait-il pour tant de périls, tant de souffrances, tant d'inquiétudes ?... On l'appelait MONSEIGNEUR.

N° XVIII. — 27 *novembre* 1815.

MON PROCES JUGÉ. *

Comment y aurait-il des procès au monde, si jamais une mauvaise cause ne trouvait d'avocat pour la défendre ? C'est une question que je soumets à toutes les académies de jurisprudence.

DIDEROT.

Les trois plus mauvaises nuits que l'on puisse passer dans ce monde sont, je crois, celles qui précèdent un jour de noce pour un jeune homme qui épouse une vieille femme; un jour de première représentation pour un auteur qui débute dans la carrière du théâtre; un jour d'audience pour un plaideur qui attend un jugement d'où dépend sa fortune entière. L'état sauvage, n'eût-il sur l'état civilisé d'autre avantage que de mettre les hommes à l'abri de cette triple

* Voyez page 180.

épreuve, on ne devrait pas s'étonner qu'il ait trouvé de si zélés défenseurs.

Qui m'eût dit, il y a trois mois, quand je parcourais les vastes galeries du Palais pour y acheter des mules; quand je répondais aux questions ingénues que me faisait mon bon Zaméo sur les noirs habitans de ces antiques voûtes; qui m'eût dit alors que quatre-vingt-cinq jours après j'y rentrerais avec la crainte d'en sortir ruiné; que j'aurais à y répondre aux arguties frauduleuses d'un marchand de paroles salarié pour travailler à ma ruine, pour égarer l'opinion de mes juges; pour m'enlever, par un arrêt en forme, un héritage dont ma famille est en possession de tems immémorial?

Un mot de mon avocat m'avait appris, lundi dernier, que ma cause devait être jugée le lendemain : j'eus beau appeler la philosophie à mon secours; j'eus beau me dire qu'il était bien difficile que la justice, quelque juste qu'elle fût, ne m'en laissât pas assez pour le petit nombre de jours qui me restait à vivre; je n'en passai pas moins une de ces nuits qui paraissent si longues à l'inquiétude qui veille. Tous les détours de la chicane, tous les défauts de formes, toutes les fausses applications de principes dont mon adversaire pouvait s'armer contre moi, se présentèrent en foule à mon imagination ; et comme la crainte ne s'effraie pas moins des chimères qu'elle se forge, que l'espérance ne se repaît des illusions qu'elle se crée, je voyais déjà des oppositions entre les mains de mes fermiers ; mon patrimoine en vente par autorité de justice ; les huissiers, les greffiers envahissant mon domicile, et procédant par *vacations* aux saisies, aux inventaires, aux procès-verbaux, dont le prix devait finir par absorber le peu qu'aurait pu me laisser l'exécution littérale du jugement rendu contre moi.

Ce fut au milieu de ces tristes réflexions que je m'acheminai vers le Palais, où j'arrivai de très-bonne heure, comme ces faux braves qui ne croient jamais arriver assez tôt au rendez-vous. Me voilà dans cette grande salle, si bien nommée des *Pas-Perdus* : tantôt les yeux fixés sur la porte de cette *seconde chambre*, que je comparais en ce moment à la boîte de Pandore,.. tantôt regardant avec inquiétude tous les gens qui passaient près de moi, en robe noire, et auxquels je me croyais obligé de prodiguer les saluts, dans la peur d'indisposer, sans les connaître, quelques-uns de ceux à qui j'allais avoir affaire : ma politesse s'étendait jusqu'aux huissiers, jusqu'aux garçons de salle.

Je voyais arriver les uns après les autres mes confrères les plaideurs, marchant à la suite de leurs procureurs, lesquels répondaient avec tout le sang-froid de la plus imperturbable indifférence aux questions vives et multipliées que ceux-là leur adressaient. Vinrent ensuite les avocats : les uns avec le porte-feuille sous le bras; les autres, en vieux praticiens, rigides observateurs des anciens usages, munis du sac gothique sans lequel *Perrin-Dandin* ne pouvait faire un pas. Que de figures à peindre! que d'observations à faire pour un homme moins occupé d'intérêt personnel que je ne l'étais alors!

En tout lieu la personne que l'on cherche est toujours la dernière que l'on trouve; tandis qu'au milieu de cette foule (où j'aurais pu me croire au bal de l'Opéra si j'avais eu l'esprit à la danse) je cherchais à reconnaître mon procureur et mon avocat sous leur domino, je me trouvai face à face avec ma partie adverse. Mon sang s'alluma tout-à-coup à la vue de ce vieux coquin dont les yeux vairons semblaient me dire : « Tu ne t'attends pas aux coups que nous allons te porter. » Il passa tout près de moi, et me salua d'un air si insolent et si goguenard, en soulevant son crasseux bonnet, que j'eus un moment l'envie de prendre avec ma canne un à-compte sur la justice qui lui était due, et que j'avais bien peur de réclamer en vain; mais j'aperçus M. Datès; je courus à lui, et lui témoignai la crainte que j'avais eue qu'il n'arrivât trop tard.

« Je ne suis pas, me dit-il en riant, de ceux qui viennent deux heures avant l'audience chercher des cliens dans la grand'salle; le procureur dont la clientelle est faite, dont tous les momens sont employés, ne vient pas ici perdre un tems précieux; il ne s'y rend qu'au moment même où sa présence peut être utile.

» Les trois quarts des avocats et des procureurs que vous voyez dans cette salle n'ont sous le bras que des dossiers d'apparat, de vieilles procédures de rebut qu'ils ont achetées avec leur étude, dont ils connaissent à peine l'objet, et qu'ils n'apportent que pour se donner une contenance; l'air affairé qu'ils affectent avec des cliens de louage,

N'en impose qu'aux gens qui ne sont pas d'ici.

Si vous écoutiéz leur conversation, vous seriez tout surpris d'apprendre qu'il est question de la pièce nouvelle, ou d'un article de journal...»

L'arrivée de mon avocat ramena l'entretien sur mes affaires personnelles : « Au choix de l'avocat plaisant ou du plaisant avocat que notre partie adverse a fait, me dit M. Dorfeuil, je crois avoir deviné leur système d'attaque, et je ne suis pas embarrassé de le ruiner de fond en comble; il y a un côté comique dans votre affaire; mon confrère Bawler ne manquera pas de s'en saisir : la plaisanterie est un genre d'escrime où il excelle; et ce ne serait pas la première cause qu'on aurait gagnée à la pluralité des quolibets : heureusement je me suis mis en garde contre ses sarcasmes et ses bons mots. — En cherchant à les repousser, à force de raison, prenons garde d'ennuyer l'auditoire et d'endormir *Messieurs;* ce ne serait pas la première cause qu'on aurait perdue tout d'un somme. — Ne craignez rien, je ferai en sorte de tenir mon monde éveillé : nous avons pour nous le fait et le droit, mais nous avons à nous défendre de la forme contre des gens qui savent tout le parti qu'on en peut tirer. Dufain ne s'en cache pas ; le Code est son Evangile, et tous ses cas de conscience sont décidés par son avocat. Je suis casuiste aussi, et je connais son *for intérieur*. — Si ma cause était celle d'un autre, je ne serais embarrassé que de savoir ce que la partie adverse pourrait dire à l'appui de la sienne. — De fort bonnes choses, peut-être : ce n'est pas faute d'avoir des idées très-exactes de l'honnêteté que les malhonnêtes gens se conduisent mal : écoutez-les quand ils se défendent, mais, sur-tout, quand ils accusent; vous ne trouverez à reprendre que l'application qu'ils font des excellens principes qu'ils invoquent.... »

M. Dorfeuil fut interrompu par quelques-uns de ses cliens qui vinrent tour-à-tour lui parler de leur affaire; il répondit à chacun avec autant de clarté, de précision, que s'il n'eût eu à s'occuper que de celle du dernier qui lui parlait. Cependant il avait ce jour-là, sans compter la mienne, trois causes à plaider : une redevance contre laquelle on faisait valoir la prescription ;

une question d'état civil d'un très-haut intérêt; une demande en résiliation de bail.

Enfin les portes de la chambre s'ouvrirent, les huissiers prirent leur place; et le public du Palais (qui se compose, pour les quatre cinquièmes, de gens désœuvrés qui ont trois ou quatre heures de la journée à perdre), à défaut de séance à la cour d'assises, se porta en foule à cette audience civile. Ma place me fut assignée entre mon avocat et mon procureur : un murmure d'impatience satisfaite annonça l'entrée des juges, dont la contenance grave et réfléchie n'était cependant pas tellement uniforme qu'on ne pût y démêler la trace de leurs différens caractères. L'huissier frappe trois coups, et la séance est ouverte.

Le greffier se mit en devoir d'appeler les causes d'une voix nasillarde occasionnée par la pression des deux verres de ses lunettes, qu'il n'a probablement pas voulu changer contre des besicles, par haine pour une invention qui date de la suppression des parlemens.

La première cause qu'il appela, par ordre de rôles, était une action en paiement d'une somme d'argent assez considérable prêtée par un ami, et remboursable à une époque fixée par l'obligation. Le débiteur voulait éluder le terme du paiement, et son avocat ne trouva rien de mieux pour cela que de présenter un service rendu comme un prêt usuraire; et, attendu que le titre du demandeur, tout incontestable qu'il était, ne *précisait* pas l'origine de la créance, le tribunal, faisant droit aux conclusions du procureur, accorda au débiteur six mois pour s'acquitter. Voilà un homme bien récompensé de son obligeance! J'ai de la peine à croire qu'à l'avenir il prête de l'argent à ses amis.

Dans la seconde cause, il s'agissait d'un tuteur qui avait dissipé le bien de ses pupilles. Le ministère public fit un très-beau réquisitoire en faveur des orphelins, dont il se déclara le père. En conséquence, il conclut à ce que tous leurs biens leur fussent rendus avec les intérêts d'*iceux*. Le tribunal rendit un arrêt *conforme*. Malheureusement, l'héritage dont le tuteur infidèle avait à rendre compte était presque tout entier en billets et en créances; la loi ne pouvait atteindre le spoliateur; et les mineurs, nantis d'un jugement qui les réintégrait dans leurs biens, n'en furent pas moins ruinés.

On appela ma cause : un frisson me saisit, et je fis probablement de vains efforts pour dissimuler le trouble et l'inquiétude dont j'étais agité. Je ne fatiguerai pas mes lecteurs en les forçant d'entrer dans les détails, et d'écouter les débats fastidieux d'un procès où il était cependant assez amusant d'entendre une femme morte depuis plus d'un demi-siècle plaider contre un mineur octogénaire. Il me suffira de leur donner une idée du ton que prit l'avocat de ma partie adverse, en citant la première phrase de son plaidoyer :

« Nous venons, dit-il d'une voix claire et syncopée, après un siècle de spoliation, réclamer un bien qui nous appartient par droit d'hérédité naturelle, et dont un autre est injustement possesseur; car le propriétaire et le possesseur sont bien souvent deux personnes différentes.... Demandez plutôt aux maris et aux amans.... »

Ce premier trait, après lequel M. l'avocat crut devoir s'arrêter, ne produisit aucun effet... « Continuez, Me Bawler, lui dit avec beaucoup de gravité M. le président; on ne rit pas encore. » Cette observation, dont on rit beaucoup, décontenança l'orateur, et priva probablement l'auditoire d'une foule de bons mots de même espèce qu'il supprima dans le cours de son plaidoyer, ou sur lesquels il crut devoir passer plus légèrement.

L'avocat Bawler ne manqua pas, selon l'usage, d'alonger son exorde de l'éloge de son confrère, *contre l'éloquence duquel il ne trouvait d'appui que dans la justice de sa cause :* puis, entrant tout-à-coup en matière par une magnifique prosopopée, il montra la marquise de Savignac « secouant la poussière du tombeau et apparaissant à l'audience pour y réclamer elle-même son patrimoine; patrimoine acquis par les services de ses illustres ancêtres, dont un étranger s'appropriait les nobles dépouilles.... »

Ce mouvement oratoire, dont il crut augmenter l'énergie en agitant avec fureur les grandes manches de sa robe, ne parut pas de meilleur goût que ses plaisanteries; il eut recours alors au genre d'éloquence qui lui est le plus familier : à l'abri de six aunes de raz de castor dont il était affublé, d'un rabat couvert de poussière et de tabac, et d'une toque de feutre qu'il ôtait avec respect chaque fois qu'il s'adressait directement à la cour, ce suppôt de la chicane, abandonnant le point de droit et la discussion du fait, crut pouvoir se permettre impunément les personnalités les plus offensantes; il me représenta « comme un homme qui avait eu de *bonnes raisons* pour aller s'ensevelir au bord de l'Orénoque, *parmi les Hurons et les Iroquois*, et prétendit que, pour rentrer dans ma patrie, j'avais eu besoin d'invoquer le *bénéfice de mon âge*. » Je ne pus contenir mon indignation, et, m'approchant de l'oreille de l'orateur, je lui dis qu'il m'en ferait raison au sortir de l'audience. « Je prie la cour, continua-t-il du même ton, d'observer, comme preuve à l'appui de tout ce que j'ai avancé, que le sieur de Pageville vient de provoquer son adversaire en duel dans la personne de son avocat. — J'en demande acte, » s'écria Dufain. Ce petit incident n'eut d'autre suite que d'égayer la cour et l'assemblée; Me Bawler reprit la parole, et termina sa plaidoirie comme il l'avait commencée, en demandant que je fusse condamné *à payer à la dame de Savignac ou à ses ayant-cause la somme de* 122,532 *livres tournois, sans préjudice, etc.**

* Voyez page 181.

Mon avocat prit la parole; un exposé rapide lui suffit pour établir clairement la question que je n'avais jamais bien entendue moi-même: il démontra d'une manière si palpable non-seulement l'injustice, mais aussi l'absurdité des prétentions de mon adversaire, que je lus sur la figure des juges la conviction qu'il faisait entrer dans leur esprit. S'élevant ensuite avec une véritable éloquence « contre ce système de diffamation introduit au barreau, il s'étonna surtout que mon adversaire enseignât imprudemment aux autres l'usage d'une arme dont la moindre piqûre pouvait lui devenir si funeste. »

Il cessa de parler; les juges allèrent aux voix, et je gagnai ma cause avec dépens.

L'audience finie, je courus à M. Dorfeuil; je ne trouvais pas d'expressions pour lui témoigner ma reconnaissance: « Vous venez de gagner votre procès, me dit-il; si vous m'en croyez, cependant, vous transigerez avec Dufain en payant la moitié des frais. — Quand nous avons un arrêt qui le condamne ? — En première instance; mais n'a-t-il pas l'appel, le recours en cassation? Il peut vous tourmenter encore longtems : quelques centaines d'écus ne peuvent être mis en balance avec votre repos. » M. Dorfeuil m'expliqua ce que j'avais encore à craindre; il me prouva que la Justice, aveugle ainsi que la Fortune, était également sujette à s'égarer sur les pas de ses guides, et finit par me persuader de ne pas m'exposer une seconde fois à gagner mon procès..

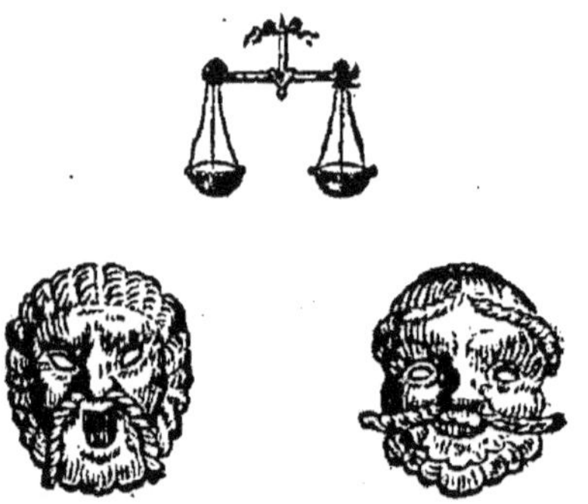

N° XIX. — 1er *décembre* 1815.

LES BARBARESQUES.

Quâ nec terribiles Cimbri, nec Britones unquam
Sauramatæque truces aut immanes Agathyrsi,
Hâc sævit rabie imbelle et inutile vulgus,
Parvula fictilibus solitum dare vela phaselis
Et brevibus pictæ remis incumbere testæ.

Juv., Sat. 15.

Ce que les Cimbres terribles, le cruel Sarmate, le Breton et l'Agathyrse impitoyables n'osèrent jamais entreprendre, un vil peuple voguant dans ses frêles canots ose l'exécuter.

Je viens d'achever la lecture d'un livre nouveau intitulé *Voyage à Tunis*, par Thomas Maggil, traduit de l'anglais par M***, avec des notes de ce dernier, qui font regretter que celui qui s'est chargé de traduire cet ouvrage, d'en relever les erreurs, d'en supprimer les injures dictées par les plus sottes préventions nationales, n'ait pas pris la peine de le refaire en entier.

M. Thomas Maggil, à en juger par les ménagemens avec lesquels il parle de cette confédération de forbans barbaresques, par l'estime et la considération qu'il est tout près de leur accorder, ne peut être qu'un de ces honnêtes *Smugglers* qui trafiquent avec les pirates d'Alger et de Tunis, et qui donnent un démenti au proverbe, en faisant de très-bonnes affaires avec eux. Quoi qu'il en soit, à la faveur des faits intéressans, des détails instructifs qu'elle renferme, et sur-tout à la faveur des excellentes notes dont elle est enrichie, cette relation est de nature à piquer la curiosité des nombreux lecteurs de voyages; je dois même ajouter que je n'en connais pas de plus propre à donner une idée exacte de ce pays barbare dont l'histoire est à jamais la honte et la satire des peuples qui se disent civilisés.

Croira-t-on dans quelques siècles (époque à laquelle il faut ajourner le triomphe d'une honorable politique en Europe), croira-t-on à la fidélité de l'historien (continuateur de l'*Essai sur les Mœurs* et sur l'*Esprit des Nations*) dans l'ouvrage duquel on lira le chapitre suivant:

« Au commencement du 19e siècle, cette

belle partie du globe que nous habitons renfermaït quatre grands états principaux, lesquels entretenaient des armées de quatre ou cinq cent mille hommes, qu'ils lançaient les unes contre les autres, et qu'ils réunissaient quelquefois contre une seule.

» Au nombre de ces états du premier ordre, il s'en trouvait un dont la marine plus nombreuse, plus forte que celle de toutes les nations réunies, avait envahi la souveraineté des mers, usurpé le commerce du monde, et jeté sur les deux hémisphères les fondemens d'une monarchie ou plutôt d'une oligarchie universelle. Cette nation alors si puissante, dont nos pères ont vu s'écrouler le colosse, en s'occupant uniquement d'elle-même, ne parlait jamais que des droits de l'humanité; le sort des Nègres était sur-tout l'objet de ses tendres soins, et ses propres colonies ne furent pas plutôt en état de se passer du commerce des esclaves dont les autres avaient encore besoin, qu'elle déclama contre la traite des Nègres avec beaucoup de véhémence : elle eut le profit et la gloire de la faire abolir.

» Cependant, à cette même époque où l'Europe entière était en armes, où les Anglais couvraient les mers de leurs invincibles vaisseaux, un ramas de barbares, établi sur les bords de la Méditerranée, dans ce pays que les Romains appelaient *le jardin du monde*, et que nous avons replacé sous la protection des grands souvenirs de Didon et d'Annibal qui l'ont jadis illustré;* un ramas de barbares (disons-nous), Arabes, Turcs, Nègres, Mauritaniens, confédérés sous le nom de *Régences barbaresques*, infestait les mers de l'Europe; enlevait, avec quelques barques mal armées, mal équipées, ses bâtimens de commerce au milieu de ses escadres de guerre; faisait des descentes sur ses côtes, et trafiquait de ses habitans qu'il enlevait et réduisait en esclavage.

» Ces mêmes états chrétiens (dont le moindre avait des forces de terre et de mer suffisantes pour réprimer les pirateries de ces forbans et pour les attaquer dans leur repaire) avaient la honteuse prudence de traiter avec eux et de racheter à prix d'argent leurs captifs : ils pous-

* Il ne faut pas oublier que ce fragment historique est censé devoir être écrit dans quatre ou cinq cents ans.

saient même la bassesse jusqu'à fournir à ces barbares les armes dont ils se servaient pour les dépouiller; jusqu'à leur envoyer des ambassadeurs, et à entretenir près d'eux des agens accrédités, sous le nom de *consuls*.

» Un grand monarque, ami de la véritable gloire, Louis XIV, vers le milieu du 17e siècle, conçut le projet de délivrer l'Europe chrétienne du joug honteux qu'elle subissait ; il fit, sur le port et la ville d'Alger, un utile essai des galiotes à bombes qui venaient d'être inventées dans son royaume ; mais les Barbaresques avaient de trop puissans auxiliaires parmi leurs ennemis mêmes ; et l'entreprise de Louis XIV, si noble dans son but, si utile dans ses résultats, échoua, comme celle de Charles-Quint, comme celle des chevaliers de Malte, contre les calculs bassement mercantiles d'une politique infernale dont nous développerons le système entier dans le chapitre suivant : il ne doit être question dans celui-ci que des pirates musulmans, et des humiliations sans nombre et sans mesure qu'ils imposaient aux nations chrétiennes.

» Ces pirates, dont la nation, ou plutôt l'agrégation, se composait d'indigènes nommés

K'baïls, de Maures, anciens conquérans de l'Espagne, d'Arabes venus d'Asie, de juifs, de Turcs et de renégats, avaient établi le siége principal de leur brigandage maritime à Maroc, à Alger et à Tunis, sur la côte méridionale de la Méditerranée qui s'étend du détroit de Gibraltar à la Lybie; montés sur des petites barques, appelées chebecs, avec un équipage d'une cinquantaine d'hommes et quelques mauvais canons, ils infestaient la Méditerranée, et croisaient quelquefois dans l'Océan jusqu'aux Canaries; quand le butin leur manquait en mer, ils effectuaient audacieusement des descentes sur quelque point des côtes de Sardaigne, d'Espagne ou d'Italie, enlevaient les habitans de tout sexe et de tout âge, les entassaient dans leurs barques, et les vendaient chez eux, comme de vils bestiaux, dans les marchés publics.

» La nécessité de détruire ces forbans, la facilité d'y parvenir fut reconnue dans le conseil de tous les princes; mais il fallait agir en guerriers, on négocia en marchands; les puissances européennes s'humilièrent devant les régences barbaresques, et les encouragèrent à faire de nouveaux esclaves, en traitant de la rançon des captifs : encore sommes-nous forcés d'avouer, à la honte des gouvernemens sous lesquels ont vécu nos pères, que ce soin généreux fut long-tems abandonné au zèle et au dévoûment de la plus sainte des institutions monastiques, de ces *Pères de la Merci*, dont l'histoire reconnaissante doit conserver l'honorable souvenir.

» On ne peut se figurer aujourd'hui le degré d'abjection auquel les cabinets européens s'étaient soumis, dans la personne des consuls qu'ils entretenaient dans les résidences de Maroc, d'Alger, de Tunis et de Tripoli : au moindre mécontentement du bey, ces chargés d'affaires des princes chrétiens étaient outragés, chassés, jetés dans les fers, et quelquefois mis à mort. Des mémoires du tems, que nous avons sous les yeux, attestent que, dans l'espace de douze années qu'ils renferment, le seul bey d'Alger a *chassé* honteusement deux consuls d'Angleterre et deux consuls français ; qu'il a *souffleté** un consul espagnol, et *mis à la chaîne* un consul de Danemarck et un consul de Hollande, sans

* C'est son ministre de la marine qui a donné le soufflet.

qu'aucune des nations auxquelles ces envoyés appartenaient aient songé à tirer vengeance de semblables outrages ; cela n'a pas même dérangé l'état de paix. Nelson lui-même, avec une flotte de onze vaisseaux, a échoué dans l'entreprise de faire réintégrer le premier des deux consuls britanniques qui avait été chassé. On pourra se faire une idée du mépris que ces chefs de pirates avaient pour les princes chrétiens, par la manière dont ils s'exprimaient en parlant à leurs ambassadeurs : « *Ta conduite me déplaît,* disait Achmet-Pacha, bey d'Alger, à l'envoyé d'Angleterre; *si tu continues, je te ferai brûler tout en vie dans le cimetière des juifs avec de la fiente de chien* ».

» Venons au sort des esclaves chrétiens : le plus grand nombre était condamné aux travaux des bagnes, roué de coups de bâton pour la moindre faute, et n'avait pour toute nourriture que du pain noir à peine mangeable, et de tems en tems un peu d'huile et des olives pourries; les autres, loués ou vendus à des particuliers, étaient plus dégradés, mais en apparence moins malheureux.

» La destinée des femmes qui tombaient aux

mains de ces barbares était affreuse; nous craignons d'ajouter que celle des jeunes garçons était plus déplorable encore. Aucun sentiment de respect que l'on doit en tout pays aux liens du mariage, à la faiblesse de l'âge, à la pudeur du sexe, à la différence des habitudes et des conditions, n'influait sur la conduite de ces brigands avec leurs esclaves chrétiennes. Un seul fait historique (entre tant d'autres que nous pourrions citer) achèvera de faire connaître la barbarie de ces pirates africains et la lâcheté des nations européennes qui l'ont si long-tems soufferte.

» A différentes époques, les corsaires d'Alger et de Tunis firent des descentes sur les côtes de la Sardaigne et s'emparèrent des petites îles de Saint-Pierre et d'*Antioche*, d'où ils enlevaient tous les individus des deux sexes qu'ils pouvaient atteindre : sous le règne de Hamoûda, bey de Tunis, quelques corsaires de ce pays prirent d'assaut l'île Saint-Pierre, et conduisirent à Tunis la totalité des habitans, au nombre de mille individus, la plupart enfans et femmes.

» Parmi ces dernières se trouvaient une dame sicilienne de la plus haute qualité, et ses cinq filles. Cette belle et malheureuse famille échut en partage au kiahia de Porto-Farina (premier ministre de la marine du bey) : * de ces jeunes personnes, moins distinguées encore par leur naissance que par leur beauté, leur innocence et leur éducation, l'une était mariée depuis quelques mois à un grand seigneur de la cour de Palerme, et deux autres étaient dans cet âge tendre où le désir de plaire n'est encore qu'un instinct vague et ne peut avoir d'objet. Les supplications, les prières, le désespoir de la plus tendre mère, l'offre de sa fortune entière pour rançon, ne purent sauver ces intéressantes victimes de l'amour brutal et féroce de leur abominable maître. La dignité de l'histoire ne nous permet pas de retracer ici les scènes révoltantes dont le harem de ce brigand a été le théâtre ; bornons-nous à en faire connaître la catastrophe. Cette nouvelle Niobé, après avoir été témoin du déshonneur de ses cinq filles, après en avoir vu expirer deux** dans

* Le fond de cette anecdote est pris dans le *Nouveau Voyage à Tunis ;* nous en avons trouvé ailleurs les détails authentiques.

** L'une âgée de neuf ans et l'autre de dix.

les embrassemens de ce monstre, après avoir subi tous les outrages, après avoir épuisé tous les tourmens que puisse endurer le cœur d'une mère, n'a trouvé de refuge contre le souvenir d'un pareil malheur que dans la mort volontaire qu'elle s'est donnée, dans la maison du consul britannique, à qui le kiabia en avait fait présent.

» Telles étaient ces hordes de barbares que les Vandales jadis subjuguèrent si aisément, qu'une petite nation d'Italie a suffi pour détruire, et dont l'Europe civilisée a supporté l'affront pendant tant de siècles. Quelques historiens assurent néanmoins (on ne sait sur quels fondemens) qu'en 1815, au congrès de Vienne, il fut question d'une ligue des puissances européennes contre les régences barbaresques, de l'appui desquelles les Anglais, devenus maîtres de la Méditerranée comme de l'Océan, n'avaient plus besoin. Quoi qu'il en soit, cette nouvelle coalition, qui n'avait pour but que l'honneur de l'Europe, que le triomphe de la religion et l'intérêt de l'humanité; qui ne promettait aux vainqueurs ni dépouilles à partager, ni vengeance à satisfaire, ni monumens à détruire ; cette nouvelle coalition fut aussitôt dissoute que formée, dans un siècle d'égoïsme et de corruption où l'on se faisait un jeu de la foi des sermens ; où la gloire consistait à triompher par le nombre et par la ruse; dans un siècle dont les grands hommes sont la honte de celui où nous avons le bonheur de vivre. »

Nº XX. — 5 *décembre* 1815.

LES CONSOLATIONS.

—

Rebus angustis animosus, atque
Fortis appare.

Hor., od. 7, liv. II.

C'est dans le malheur sur-tout qu'il faut chercher à connaître toutes ses ressources et à en faire usage.

Imitation.

C'EST une bien malheureuse disposition de l'esprit humain que celle qui nous prive dans la bonne, et sur-tout dans la mauvaise fortune, du sang-froid dont nous aurions besoin pour juger sainement notre position. Le découragement dans les revers est peut-être le plus grand défaut de notre caractère national : l'orage a-t-il passé sur notre domaine, nous ne voyons que le ravage qu'il a fait, les arbres qu'il a brisés, les moissons qu'il a détruites. Le regret des biens qu'on nous ôte ne nous rend pas seulement insensibles à la jouissance de ceux qu'on nous laisse ; il nous en dérobe la vue, et souvent même nous y fait trouver un excès d'infortune.

J'ai vainement lutté toute ma vie contre cette fatale disposition, à laquelle je suis plus enclin que personne, et dont j'ai fait de bien cruelles épreuves. Je ne crains pas moins de me distraire de la triste contemplation d'un malheur personnel, que de la vue de l'image la plus riante. Je mets une extravagante vanité à m'exagérer la nature, l'étendue, la durée de mes maux, et à m'écrier comme Oreste :

> Mon malheur, à la fin, passe mon espérance !

Je sens peut-être les malheurs publics avec plus de vivacité, avec plus d'exagération encore ; mais pour ceux-là, du moins, je ne me refuse pas aux consolations qu'on peut m'offrir.

J'étais absorbé dans ces méditations, et toutes les calamités auxquelles la France est en proie se déroulaient à mes yeux sous l'aspect le plus effrayant. Mon voisin, M. Binome (le philosophe encyclopédiste dont j'ai déjà parlé plusieurs fois), entra chez moi en fumant sa cigare, précédé de Zaméo, qui ne manque jamais de servir du thé quand il le voit paraître.

« Quel air sombre! me dit-il; êtes-vous malade? — Je suis désespéré. — Que vous est-il arrivé? — Il est bien question de moi!

. . . . Laissons notre infortune;
Un citoyen n'est rien dans la perte commune.

Regardez (continuai-je, en lui montrant un papier sur lequel j'avais esquissé en quelques lignes le tableau de notre situation matérielle, morale et politique). — Voilà (me dit-il froidement après avoir lu) un résumé très-exact; j'y compte tous nos désastres, j'y trouve toutes nos pertes, j'y vois d'un coup-d'œil toutes nos craintes; la colonne des *dettes* et *dommages* est bien remplie, bien complette; mais celle des *voies* et *moyens* n'est pas même tracée. Vous portez tout en *dépense* et vous ne mettez rien en *recette;* ce n'est pas le moyen d'établir un bilan. Procédons dans l'ordre que vous avez suivi.

» Votre article *finances*, permettez-moi de vous le dire, annonce un homme qui n'a jamais administré que celles d'une peuplade de Caraïbes. Après avoir exprimé notre *passif* par une file de chiffres, où vous n'êtes pas à cela près d'un ou de deux zéros ; de votre autorité privée, vous nous déclarez *insolvables;* et moi, qui ai vieilli dans l'étude de l'économie politique; moi, qui n'ai pas craint de lutter corps-à-corps, dans ce genre d'escrime, avec les Necker, les Calonne, et même avec les Cambon, qui travaillaient si singulièrement *un royaume en finances*, je ne vous demande que dix minutes pour vous démontrer, autant qu'une chose peut l'être au monde, que la France, tout épuisée qu'elle est, peut se libérer en trois ans, si l'on veut s'entendre sur les moyens, se concerter sur les efforts, et ne pas s'obstiner bêtement à s'atteler aux vieilles routines dans les circonstances tout-à-fait nouvelles où nous nous trouvons. »

Le système de M. Binome, dont les résultats me parurent incontestables, repose sur une série de calculs qui ne peuvent trouver place ici.

« Je suppose, lui dis-je, qu'il soit prouvé que, dans un espace de tems aussi court, nous puissions combler l'abîme de nos finances, rétablir nos relations commerciales, recouvrer, en un mot, notre existence politique; recouvrerons-nous jamais cette prépondérance que nous assuraient en Europe la supériorité de notre industrie, la gloire de nos armes, et surtout celle de nos arts? — Mais, d'abord, comment prouvez-vous que nous l'avons perdue? La marche de l'industrie n'est point susceptible de pas rétrogrades; on ne revient pas aux grossiers procédés de l'enfance d'un art dont on a inventé ou seulement connu les perfectionnemens. Quant à la gloire, elle est immortelle du moment qu'elle est acquise; quelque abus que nos ennemis puissent faire d'un caprice de la fortune, ils ne parviendront pas à faire oublier à la postérité les prodiges de l'héroïsme français, dont chacune des villes, chacun des fleuves de l'Europe retrace, par son nom seul, l'impérissable souvenir! La chute même d'un Etat ne peut anéantir sa gloire : les barbares ont détruit l'empire romain, et Rome, dans l'histoire, est restée la maîtresse du monde.

» — Sans doute vous nous réduisez aussi à aller chercher dans nos souvenirs des consolations pour les pertes irréparables qu'ont faites les sciences, les lettres et les beaux-arts?

» — De quelles pertes parlez-vous? On vous a enlevé, contre la foi des traités, des tableaux, des statues qui ne vous appartenaient pas à d'autres titres. Vous aviez ouvert un Panthéon à des dieux étrangers qui n'avaient plus ni temples, ni culte, ni adorateurs chez les autres nations : ce que vous avait donné la victoire, la force vous l'enlève; mais ravira-t-elle à la France ce feu créateur auquel le génie des arts allume aujourd'hui son flambeau? — Chaque jour nous le voyons pâlir. — Jamais il n'a brillé d'un éclat plus vif. — Vous aurez plus de peine à me convaincre sur ce point que sur celui des finances. On peut, en administration, se faire un crédit qui tienne lieu de richesse; on ne peut, dans les arts, s'en créer un qui tienne lieu de chefs-d'œuvre. — Ces chefs-d'œuvre existent; je me charge de vous les faire connaître; et je veux vous forcer de convenir qu'au moment où vous déplorez leur ruine, les arts jettent dans notre patrie les fondemens d'une gloire tout-à-fait nationale, qui n'a rien à craindre des coalitions. Je ne vous demande pour cela que de me laisser le maître de disposer de vous pendant deux ou trois jours. »

J'acceptai la proposition de mon Encyclopédiste : je visitai avec lui les ateliers de nos peintres, de nos sculpteurs, de nos artistes en tout genre; j'obtins communication de quelques manuscrits de nos savans, de nos hommes de lettres, et je fus étonné des richesses qu'ils renfermaient. Je ne m'arrêterai pas sur tant de beaux ouvrages que l'admiration publique a déjà consacrés; mais j'en ferai connaître quelques-uns dont la renommée a trahi, et, pour ainsi dire, devancé la naissance.

Il appartenait au peintre célèbre de *Phèdre* et d'*Andromaque* (ce n'est pas de Racine que je veux parler; on pourrait s'y méprendre); il appartenait à M. Guérin de nous représenter *Didon écoutant le récit des aventures d'Enée*. Ce tableau, que j'ai visité dans l'atelier de l'auteur, paraît avoir été composé sous l'inspiration du poète immortel qui en a fourni le sujet. Je n'entrerai dans aucun détail sur ce magnifique ouvrage, qui doit faire l'ornement de la prochaine exposition.

Nous passâmes de l'atelier de M. Guérin dans celui de M. Dupaty, qui assure à la France un digne successeur des Pujet et des Girardon.

Cet art de la sculpture (le seul dans lequel la supériorité sur l'Italie ne nous soit pas complètement acquise) compte peu d'ouvrages aussi distingués que cette belle statue d'*Ajax*, dont M. Dupaty vient d'achever l'exécution en marbre. L'examen de cet ouvrage, remarquable sur-tout par la correction du dessin et la fermeté du ciseau, donna lieu, entre mon ami Binome et moi, à une discussion où j'étais disposé à croire qu'il entrait de sa part un peu de partialité nationale; elle se prolongea, sans se terminer, pendant la course que nous fîmes pour nous rendre dans la rue du Mont-Thabor, où nous suivîmes la foule des amateurs.

Presque tous les peintres de paysage (je parle des plus célèbres) ont mis leur talent et leur gloire à représenter le plus fidèlement possible des arbres, des troupeaux, des montagnes; le Poussin est le seul qui se soit élevé au-dessus d'une froide imitation de la nature, et qui ait cherché à intéresser le cœur ou l'esprit dans la composition de ses admirables tableaux : son *Déluge*, son *Arcadie*, indépendamment du mérite de l'exécution, ont celui de la pensée, dont les paysagistes flamands et hollandais ne se sont jamais mis en peine. Ce genre de mérite, sans lequel on n'atteint jamais le premier rang dans les arts, est porté au plus haut degré dans le paysage historique que nous avions alors sous les yeux, et dont M. de Forbin est l'auteur.

Quelle scène à représenter que celle de l'*Eruption du Vésuve qui détruisit les villes de Pompéi, d'Herculanum et de Stabia!* quel épisode que celui de la mort de Pline! Combien ajoute à l'intérêt de cette immense catastrophe, au commencement de laquelle l'artiste vous fait assister, cette réflexion terrible que son tableau fait naître: « Dans une heure, ces villes superbes, ces magnifiques monumens; ce grand homme, l'honneur de son pays; cette foule de peuple, que déjà la terreur agite; dans une heure, tous auront disparu de la surface de la terre! »

La scène principale du tableau se passe à Stabia, environ à deux milles du Vésuve. Un temple (probablement celui de la Gloire, bât sous le règne de Vespasien) occupe la droite du premier plan; la statue équestre du même prince est élevée du côté opposé: plus près du spectateur, sur une plate-forme qui domine le port,

Pline, entouré de ses amis et de ses affranchis, contemple avec enthousiasme le terrible phénomène dont il est au moment de périr victime, et dicte à son secrétaire effrayé ses observations, dernier présent qu'il léguait à la postérité : assis à quelque distance de ce grand homme, un philosophe stoïque, enveloppé dans son manteau, médite profondément sur un désastre qui semble menacer l'univers.

Les prêtres descendent du temple, et se préparent à offrir un sacrifice expiatoire, tandis que la population entière se réfugie sous le parvis et dans l'intérieur du temple. La mer, qu'embrase le reflet d'un ciel de feu, exhale d'épaisses vapeurs qui voilent déjà les obélisques, et déroberont bientôt à la vue la forteresse prétorienne qui termine le second plan.

Sur le troisième, Pompéi se montre à demi engloutie sous une pluie de cendre, tandis qu'Herculanum, embrasée par la lave, est en proie aux horreurs de l'incendie, près de s'étendre sur la ville entière. Cette ligne est couronnée par le mont Vésuve, d'où s'élève avec fureur, au milieu de nuages enflammés que la foudre déchire, une gerbe de feu dont la sinistre lumière colore plutôt qu'elle n'éclaire toutes les parties de ce tableau, d'un prodigieux effet.

On peut s'étonner qu'un ouvrage qui a nécessairement exigé les recherches les plus longues, les études les plus pénibles, soit en même tems conçu avec fougue et exécuté avec une extrême correction. M. de Forbin, dans la personne de qui l'on aime à retrouver l'alliance d'un beau talent et d'un beau nom, avait donné les plus brillantes espérances; son tableau d'une *Eruption du Vésuve* les a réalisées toutes.

Le jour baissait; nous sortîmes, et nous convînmes de nous revoir le lendemain.

Mon consolateur arriva chez moi de bon matin : « Vous avez mieux dormi cette nuit, me dit-il; je vous trouve ce que les médecins appellent un *meilleur visage*. — Ce que vous m'avez dit, ce que j'ai vu hier a fait revivre dans mon esprit et dans mon cœur l'espérance, que j'y croyais éteinte : vous m'avez convaincu que nos ressources financières n'étaient point taries; vous m'avez persuadé que la gloire nationale n'avait rien à craindre des revers de la fortune, et vous m'avez prouvé que la France était et demeurerait la patrie des arts ; je tâcherai de me consoler avec cela de la dégradation des lettres et de l'avilissement des mœurs. — Vos préjugés à cet égard sont d'autant plus pardonnables qu'ils sont plus généralement répandus ; je ne désespère cependant pas de vous en faire revenir. — Quoi ! c'est un préjugé de soutenir que nous en sommes réduits à la littérature des journaux ! que notre Parnasse n'est plus qu'un cimetière décoré de quelques vieilles épitaphes des grands hommes des deux derniers siècles ! qu'on ne lit plus, parce qu'il n'y a rien à lire ! qu'on ne pense plus, faute d'idées ! qu'on n'invente plus, faute d'imagination ! et que la pauvreté des esprits ne peut être comparée qu'à la corruption des mœurs !

» — Je dirais, si je vous connaissais moins, que vous raisonnez comme tant de vieillards moroses qui, voyant de près le terme de la vie, cherchent à s'épargner des regrets en se persuadant qu'ils ne laissent rien derrière eux : mais je sais que vous êtes toujours de bonne foi avec vous-même ; que vous ne jugez point le présent sur les préventions du passé, et que si l'âge a raccourci votre vue, vous n'avez pas honte de vous servir de lunettes. Depuis vingt-cinq ans nous vivons dans une atmosphère orageuse, au milieu des nuages qui se sont abaissés sur la terre : les hommes uniquement dévoués au culte des Muses habitent une région supérieure, où ils se cachent pour ainsi dire dans leur élévation ; que le calme renaisse, que le ciel s'épure, et vous les reverrez brillant d'un éclat d'autant plus vif qu'il aura été plus long-tems obscurci. Je suis, contre Machiavel, de l'avis de Bacon : le vaisseau des connaissances humaines n'a rien à craindre des tempêtes politiques ; le vent des factions peut le submerger un moment, mais il remonte bientôt à la surface et poursuit glorieusement sa course. Vous vous êtes assuré par vos yeux du point de perfection où se sont élevés nos arts ; vous assisterez ce soir chez Mme de Lorys à une lecture, après laquelle il vous sera permis d'avoir une opinion sur l'état actuel de notre littérature : vous y trouverez une société nombreuse ; et c'est là que je prendrai mes exemples pour rectifier vos idées sur nos mœurs. »

Nous dînâmes chez Mme de Lorys avec quelques hommes de lettres dont le nom m'était plus connu que les ouvrages : la lecture devait être longue ; on se mit à table de bonne heure. M. Binome me fit connaître les principaux convives : « Vous entendrez, me dit-il tout bas, une tragédie dont l'auteur, M. Naurtal, est à la droite de Mme de Lorys ; à sa gauche se trouve M. de Minarol : il nous lira un chant de sa traduction du plus beau des poëmes épiques modernes (l'épithète *moderne* est là pour ne pas me faire de querelle avec Boileau) ; le troisième auteur que nous devons entendre, et qui se charge de nous prouver que les Français ont la tête tout aussi épique que les autres peuples, est M. de Capreval, l'homme le plus distrait de Paris, celui que vous voyez vis-à-vis vous, mangeant la soupe avec une fourchette. »

La conversation devint générale : on parla des malheurs attachés à la condition des gens de lettres : « C'est la seule classe d'hommes à qui l'amour-propre soit permis, dit M. Minarol ; il faut bien se faire justice quand votre siècle vous la refuse ; quand on travaille pour la postérité, il est permis de croire à sa reconnaissance : on ne craint pas que l'expérience vous désabuse. — Un mérite supérieur, répondit Mme de Lorys, ne doit pas dédaigner les éloges contemporains. — Il faut, continua-t-il, presque toujours les mendier pour les obtenir, et il est rare que celui qui plante le laurier se repose sous son ombrage. — Minarol a raison (poursuivit M. de Capreval, qui n'avait rien entendu de ce qu'on avait dit), les favoris des Muses ne s'occupent pas assez de leur fortune ; je pense sérieusement à faire la mienne, et j'y parviendrai si je ne l'oublie pas. — Il y a deux espèces d'hommes, continua M. Naurtal, qui doivent renoncer à s'enrichir : ceux qui aiment leur pays, et ceux qui aiment les lettres avec passion. Lorsque les idées d'un homme ne se portent jamais sur lui-même, qu'il est toujours occupé des affaires des autres, le moyen qu'il fasse jamais les siennes ! Disons toute la vérité : l'homme de génie est une exception dans l'espèce ; jeté, sans appui, dans la société entre les grands et les sots, il ressemble au poisson-volant : veut-il s'élever dans les airs, les oiseaux le déchirent; plonge-t-il, les poissons le dévorent. »

Cette discussion, animée par les saillies les plus vives, et égayée par les boutades d'un amour-propre sans restriction mentale, dont on s'accommode beaucoup mieux que d'une modestie feinte derrière laquelle la vanité se réfugie ; cette discussion, dis-je, nous conduisit à la fin du dîner. L'auditoire arriva, chacun prit place, et M. de Naurtal commença la lecture de sa tragédie de *Germanicus*.

S'il était permis de prononcer, hors du théâtre, sur le mérite d'un ouvrage dramatique, je ne craindrais pas d'affirmer que, depuis les chefs-d'œuvre des trois maîtres de la scène française, aucune composition du même genre ne s'est placée plus près des grands modèles. Au mérite d'une conception hardie, d'une peinture achevée de cette odieuse cour de Tibère, dont Tacite a immortalisé l'infamie, cet ouvrage m'a paru réunir l'intérêt des situations, la vérité des caractères, l'abondance de la pensée, et la vigueur d'un style cornélien aussi éloigné de la barbarie de Crébillon que de la molle correction de Laharpe. Tous les auditeurs portèrent le même jugement sur cette belle tragédie, et tous partagèrent mes regrets en apprenant à quel degré d'infortune était réduit son auteur.

« Vous conviendrez, me dit d'un air triomphant mon ami Binome, que Melpomène a encore des interprètes dignes d'elle. Voyons si, comme on le dit, Calliope a décidé avec humeur qu'après Voltaire aucun poète, en France, n'emboucherait la trompette héroïque. »

M. de Capreval, après nous avoir sommairement expliqué le plan et la marche de son poëme épique, intitulé *Philippe-Auguste*, nous en récita plusieurs fragmens considérables, entr'autres ceux du *Royaume en interdit* et de *la Mort d'Artus*, neveu de Jean-Sans-Terre. On approuva généralement le choix de ce beau sujet national, la majestueuse ordonnance du poëme, l'emploi du seul merveilleux qu'il convînt d'y introduire; chacun se récria sur la pompe, sur l'harmonie des vers, où l'on reconnaît peut-être trop fréquemment l'école du chantre de *l'Imagination*.

Cette soirée littéraire se termina par la lecture de deux chants d'une traduction en vers de *la Jérusalem délivrée*, par M. de Minarol. Cette traduction, de l'ensemble de laquelle il est permis de juger par les morceaux que nous avons entendus, est, sans aucune comparaison, le plus beau monument qui ait été élevé à la gloire du Tasse; et l'on pourra dire (avec moins d'exagération que le grand Frédéric ne le disait des *Géorgiques* de l'abbé Delille, au tems des Montesquieu, des Voltaire et des Rousseau) que cette *traduction est l'ouvrage le plus original du siècle*. M. de Minarol a prodigué dans ce poëme (sinon le meilleur, du moins le plus intéressant qui existe) toutes les richesses de cette langue poétique qu'il parle avec tant de charme et d'élégance. Les détails les plus techniques, les descriptions les plus locales y sont rendus avec un bonheur, avec une propriété d'expression qui en excluent tout à-la-fois l'enflure et la sécheresse. L'ouvrage original n'est pas exempt de ces taches de style que Boileau appelait du *clinquant;* le poète-traducteur les a fait disparaître : il suit le Tasse d'un vol égal, à quelque hauteur qu'il s'élève, et le soutient lorsqu'il se précipite. C'est annoncer, je le sais bien, une traduction supérieure à un excellent original : qu'importe? un éloge donné d'avance laisse tant de consolations à l'envie!

Pendant que la société, divisée par groupes, s'entretenait de ce qu'elle venait d'entendre; que les uns relevaient tout haut les beautés; que les autres signalaient tous bas les défauts; que les donneurs de conseils en titre d'office indiquaient aux auteurs des changemens, sans s'apercevoir qu'ils leur proposaient de refaire un autre ouvrage, j'étais assis dans un coin du salon avec mon ami Binome, qui triomphait des aveux qu'il arrachait à ma franchise. « Il nous reste un point à examiner, me dit-il; c'est celui des mœurs prises dans le sens de la morale publique. Si j'en faisais ici l'objet d'une discussion en règle, vous me diriez, avec Bocace :

Reservate questo per la predica ;

mais je continue à vous citer des faits, à vous offrir des preuves, et je vous laisse le soin d'en tirer les conséquences.

» N'est-il pas vrai qu'une cinquantaine de personnes, prises au hasard dans les classes supérieure et moyenne de la société, peuvent donner une idée assez exacte de la société même, et que si, dans ce petit nombre de personnes, je vous en montre plusieurs qui se distinguent par les plus hautes vertus, par les plus excellentes qualités du cœur, je serai en droit, en ma qualité de philosophe mathématicien, d'établir une règle de proportion dont on ne pourra me contester le résultat que par de vaines déclamations, auxquelles je ne sais jamais répondre?

» Maintenant, je ne suis embarrassé que du choix. Vous avez entendu nommer celui qui parle en ce moment à Mme de Lorys, et son nom vous a révélé son rang et son titre. Aucun Français n'a plus à se plaindre, et ne serait plus excusable de chercher à se venger de la révolution. Renversé par elle du faîte des honneurs, dépouillé d'une fortune immense, traîné de prison en prison, et, pour ainsi dire, d'échafaud en échafaud, non-seulement contre toute justice, mais contre les lois cruelles que ses persécuteurs avaient faites, et dont il invoquait en vain la terrible protection; cet homme, plus noble encore par son ame que par sa naissance, est aujourd'hui un des plus fermes appuis de cette liberté nationale, de ces principes libéraux dont on a si affreusement abusé contre lui.

» Je ne vous citerai pas Mme de Lorys elle-même: vous connaissez son dévoûment à ses amis, son inépuisable bonté; mais vous ignorerez toujours la noblesse et la grandeur des sacrifices qu'elle s'impose, et dont elle n'a jamais que Dieu pour témoin.

» Cette dame, assise près de la cheminée, dont l'air est si triste et les manières si affectueuses, était depuis long-tems séparée de son mari par le plus insurmontable des obstacles, celui des opinions politiques. Tant qu'il fut heureux et puissant, aucun motif ne put la déterminer à se rapprocher de lui. Le sort de son époux changea : un orage de calamités fondit sur sa tête, il n'avait plus à offrir que le partage de ses maux; son épouse se hâta de le réclamer : aucune considération ne l'arrêta, aucun danger ne la retint; sa fortune, ses espérances, ses principes (qu'elle pouvait regarder comme ses devoirs), tout fut sacrifié, sans ostentation, sans réserve, et malheureusement sans succès.

» Je pourrais vous montrer ici plusieurs autres modèles d'un semblable dévoûment; mais j'oublierais peut-être de vous faire connaître ce jeune militaire qui porte son bras en écharpe. Il a servi avec beaucoup de distinction; il est aujourd'hui sans emploi. On lui a offert, dans l'étranger, un rang, une fortune, un grade supérieur à celui qu'il avait en France. Il a tout refusé; il se doit à sa patrie et à son prince, et ne connaît de gloire que celle que l'on acquiert en les servant tous deux.

Je ne vous parle pas de vertus plus communes, d'amour maternel, de piété filiale, de désintéressement, de reconnaissance ; il n'est peut-être pas un individu dans cette société qui ne pût en fournir un exemple; mais je veux indiquer à vos respects, à votre vénération....»

Mme de Lorys vint nous interrompre. Elle avait besoin de notre Encyclopédiste pour sa partie de reversis. « De grâce, lui dis-je, laissez-le moi, il me donne des *consolations*. — Je parie, ajouta-t-elle en l'emmenant, qu'il a oublié de vous parler du grand consolateur ? — Du tems, allez-vous me dire ? — Non pas, mon cher Hermite, du jeu! »

N°. XXI. — 9 *décembre* 1815.

UNE PENSION BOURGEOISE.

Nulla venenato littera mixta joco est.
OVIDE, Trist. 2.

J'écris sans fiel ; aucun venin dans mes discours ne se mêle à ma gaîté.

JE lisais dernièrement, dans les *Petites-Affiches*, l'avis suivant :

« Une dame de naissance, à qui les malheurs du tems ont enlevé une fortune considérable, mais pour qui la bonne compagnie est un besoin de première nécessité, désire augmenter le nombre des pensionnaires qu'elle réunit à sa table : une nourriture saine et abondante, un logement élégant et commode, et tous les agrémens qui résultent d'une société choisie, tels sont les avantages que l'on offre en échange d'une modique somme de 80 fr. par mois, à laquelle cette dame a fixé le prix de la pension.

» *P. S.* On ne pourra être admis que sur la présentation d'un des pensionnaires, ou sur la recommandation de personnes connues. »

Je fus d'abord moins frappé du style et de la rédaction de cette annonce, que des réflexions qu'elle fit naître en mon esprit sur les ressources que présente cette grande ville, où, pour 80 fr. par mois, un étranger peut, du jour au lendemain, se procurer ce qu'ailleurs, avec une fortune considérable, il ne serait pas sûr d'obtenir. J'en parlais dans ce sens à un M. de Gréville, dont l'esprit m'amuserait plus souvent s'il en variait quelquefois l'usage. C'est un homme qui a pris dans le monde le rôle impertinent de *persifleur,* et qui s'en acquitte avec un talent si particulier, qu'on n'est jamais plus complètement sa dupe que lorsqu'on s'imagine être son complice.

Ce M. de Gréville a cependant plus d'instruction et de mérite véritable qu'il n'en faut pour se classer dans le monde d'une manière plus honorable ; il paraît même en avoir eu quelque tems l'envie; et quand on lui rappelle qu'il a eu comme un autre ses jours d'ambition, pendant lesquels il ne quittait ni les bureaux ni les antichambres : « J'ai sollicité, répond-il, auprès des gens en place, à l'exemple de Diogène qui demandait l'aumône aux statues, en se promenant dans le Céramique afin de s'habituer aux refus. » Il ne s'y expose plus depuis qu'il s'y est accoutumé, et se venge, par l'abus qu'il fait de son esprit, de l'oubli où l'on a laissé ses talens. Je reviens à mon sujet. M. de Gréville, après avoir pris lecture de l'annonce qui servait de texte à notre entretien, me dit (de ce ton équivoque qui ne laisse jamais deviner s'il plaisante ou s'il parle sérieusement) « qu'il connaissait beaucoup la dame qui publiait cet avis; qu'il avait été au nombre de ses pensionnaires, et qu'il voulait absolument me présenter dans une maison où je trouverais une société tout-à-fait choisie, et des mœurs toutes nouvelles à peindre. » J'acceptai sa proposition, et nous prîmes jour pour aller dîner dans cette pension bourgeoise, où il se chargea de m'introduire.

Il vient me prendre à l'heure indiquée et me conduit dans une maison de la rue Coquillière, de la plus triste apparence ; une portière bien sale, dont la loge vitrée occupait une partie de la porte bâtarde par laquelle nous entrâmes, nous demanda brutalement où nous allions, et se remit à écumer son pot sans attendre notre réponse.

Nous traversâmes une espèce de cour de vingt pieds carrés, inondée par les eaux très-peu limpides des différens plombs qui viennent y aboutir, et après avoir monté à tâtons les quatre-vingt-neuf marches d'un escalier étroit et roide comme celui d'un clocher, nous sonnâmes à une porte qu'une vieille servante vint nous ouvrir. Elle nous introduisit, en nous faisant passer par la cuisine, dans une espèce de salon dont l'ameublement se composait de riches débris grossièrement rajustés, où les taches et les reprises se disputaient quelques lambeaux d'étoffes précieuses; j'aurais été moins choqué d'un dénuement complet. Je n'aime pas plus que Diderot *la misère du jour associée au luxe de la veille.*

Nous étions arrivés les premiers, et la maîtresse du logis était encore à sa toilette. Je me rappelai l'avis des *Petites-Affiches :* on y promettait un logement élégant et commode, et je faisais observer à Gréville que celui-ci ne me paraissait pas remplir les conditions du programme :

« Tout est relatif, me répondit-il, et les mots *élégant*, *commode*, ne sont pas tellement précis qu'ils ne puissent, avec un peu de bonne volonté, trouver ici leur application : bien certainement voilà des meubles qui ont été élégans autrefois; et du tems que ces deux glaces étaient étamées, elles devaient faire un très-bon effet. Quant à la commodité d'un logement, chacun en juge d'après ses habitudes ; et je ne serais pas surpris que beaucoup de gens trouvassent très-commode de loger au quatrième, dans la rue Coquillière, tout près du Palais-Royal, et à deux pas de la Grande-Poste aux lettres. »

La dame du logis parut, accompagnée de sa fille ; leur vue fit sur moi le même effet qu'avait produit l'ameublement du salon : je voyais en elles un mélange de prétentions, de mauvais goût, de disparates choquans : la mère, qui eût été d'une taille raisonnable si elle eût eu en circonférence un pied qu'elle avait de trop en élévation, avait quelque chose de si misérable dans le luxe hétéroclite de sa parure, de si gauchement emprunté dans l'affectation de ses manières du grand monde, qu'on se demandait, en la voyant, si la réalité, cette fois, ne passait pas les bornes de la caricature. Sa fille, dans toute la maturité d'une jeunesse singulièrement prolongée, avait trouvé dans l'adoption des modes anglaises le seul moyen d'ajouter à sa roideur et à sa *disgrâce** naturelles. Ces dames, auprès de qui je fus introduit dans les formes par mes noms, surnoms et qualités, me reçurent avec une bienveillance que parurent accroître quelques mots que mon introducteur dit à l'oreille de Mme Dubourg (c'est le nom de l'honorable hôtesse). Celle-ci me présenta sa fille Amélie : « La pauvre enfant, nous dit-elle, a tout perdu à la mort de son père. La naissance et les services de M. Dubourg ne pouvaient manquer de procurer à ma fille un brillant établissement, qu'elle ne doit plus attendre que de ses vertus et de ses talens. — A cet égard, reprit Gréville, on n'est pas plus richement dotée que mademoiselle.... Je veux, continua-t-il en s'adressant à moi, que vous l'entendiez sur le piano; nous n'avons personne de cette force-là pour la sonate. » Le piano

* Ce mot de *disgrâce*, pris dans le sens de défaut de grâces, que l'usage semble vouloir adopter, ne l'est pas encore par l'Académie.

était là ; l'effroi commençait à me gagner : fort heureusement la cuisinière, entrant sans façon, vint demander une bouteille de vin pour mettre dans la matelote. La dame, qui sentait l'inconvenance de s'abaisser devant nous à ces détails domestiques, renvoya Madeleine assez durement : celle-ci prit de l'humeur, traita la maison de *baraque*, et commençait à parler des dix-huit mois de gages qui lui étaient dus : on sonna fort à propos pour lui donner le tems d'exhaler sa colère en allant ouvrir. Mme Dubourg s'empressa de nous apprendre « que cette femme avait été nourrice d'Amélie, et que cet avantage lui méritait des égards dont elle abusait quelquefois. »

Cinq heures sonnant, une espèce de jockey de louage, qui n'avait pas encore paru, annonça M. le vicomte de la Poulinière, l'homme le plus exigu que je me rappelle avoir jamais rencontré; on lui offrit un fauteuil, qu'il refusa pour aller se placer devant la cheminée, où il parvint, en écartant les deux basques de son habit, à nous priver, sinon de la chaleur, du moins de la vue de deux tisons opposés bout à bout, et qu'il n'aurait fallu que rapprocher pour leur faire prendre feu : « Eh bien ! votre affaire, M. le vicomte ? lui dit Mme Dubourg. — Pas plus avancée que le premier jour, répondit-il : je sors des bureaux : il n'est pas plus question de moi que si je n'existais pas : d'honneur (continua-t-il avec un sourire dont la suffisance affaiblissait l'ironie) ! je donnerais un petit écu pour n'être pas placé; cela serait si plaisant, que je serais, Dieu me pardonne, le premier à en rire !... »

Les autres convives arrivèrent à la file. Plus heureux que moi, mes lecteurs n'auront pas besoin de dîner avec eux pour les connaître. Celui qui vint distraire mon attention, déjà fatiguée de l'épreuve à laquelle M. le vicomte l'avait mise, était une espèce d'intrigant, se disant homme d'état et d'affaires ; à l'en croire, c'est un ardent ami du bien public : Gréville assure qu'il ne se trompe que d'une particule, et qu'il est, en effet, très-ami *du bien* du *public*. Cet homme, qui est *familier*, et non pas habitué de cette maison, est doué d'une oreille si fine, qu'il entend ce qu'on pense en écoutant ce qu'on dit : l'emploi qu'il fait de cette faculté précieuse ne sera jamais estimé dans le monde tout ce qu'il peut valoir.

L'homme d'affaires amenait avec lui une vieille dame et une petite fille de dix ou douze ans, dont l'accent picard trahissait l'origine. Il ne manquait qu'une très-petite formalité à l'extrait de baptême de cette dernière pour qu'elle appartînt à l'une des premières familles de France, et c'est contre cette omission, consacrée par un *jugement inique* du tribunal d'Amiens, qu'elle venait, par l'organe de sa grand'mère et de l'avis de son conseil, réclamer à Paris devant les tribunaux supérieurs. L'injustice était si manifeste, que toute la ville d'Amiens avait eu connaissance de l'intimité qui existait entre la mère de Mlle Eugénie et M. le comte de***; cependant l'honnête protecteur de cette jeune orpheline, qui négociait avec la famille du comte, paraissait décidé à se contenter, pour sa cliente, d'une somme de trente mille francs qu'offraient les héritiers du comte pour éviter le scandale d'une nouvelle procédure.

Il y a deux hommes à Paris qui semblent jouir du privilége de l'*ubiquité;* on les trouve partout, excepté pourtant chez les gens malheureux et disgraciés : l'un est ce M. Babler, le plus affairé des désœuvrés de ce bas-monde, dont la voix nazale est la première que l'on entend dans tous les salons, dont la figure étonnée est la première que l'on aperçoit aux spectacles dans toutes les loges; l'autre est cet insecte rimaillant, *prosaillant*, criaillant, dont le nom se trouve dans toutes les bouches, comme la plate romance de Marlborough, sans qu'on puisse deviner pourquoi. Ces deux personnages arrivèrent au moment où l'on allait se mettre à table.

La maîtresse de la maison voulut m'en faire les honneurs en me plaçant entr'elle et sa fille; mais M. de la Poulinière s'était emparé du poste, et paraissait y tenir d'autant plus qu'il avait devant lui un prétendu chapon au gros sel qu'il couvait des yeux. Gréville me força d'accepter sa place auprès de Mlle Amélie, qui parut lui savoir gré d'une complaisance dont je n'avais ni l'esprit ni l'amour-propre de me féliciter.

Je ne parlerai pas du dîner le plus mauvais que j'aie fait de ma vie; ce que j'ai dit des convives suffit pour donner une idée de la conversation. Jamais je n'avais entendu tant de sottises, de trivialités, d'impertinences de toute espèce. Gréville, qui se contentait d'en fournir le texte, fit tomber l'entretien sur le mariage.

Mme Dubourg établit en principe, en s'adressant à moi plus particulièrement, qu'il n'y avait de bonheur que dans l'alliance d'une femme jeune avec un homme âgé. Mlle Amélie s'avisa d'être tout haut de l'avis de sa mère. Le poète se permit d'abord quelques quolibets d'usage sur les inconvéniens d'une pareille union; mais un coup-d'œil de l'homme d'affaires que je surpris, sans en deviner encore le véritable motif, lui fit tout-à-coup changer de langage, et tout le monde tomba d'accord en un moment qu'il n'y avait rien de plus convenable, de plus intéressant que le mariage d'un beau vieillard avec une jeune fille.

En cherchant quel pouvait être l'objet d'une semblable mystification, je m'arrêtai à l'idée qu'on avait des vues sur M. le vicomte, pour la fille de la maison, et je me penchais à l'oreille de M. de Gréville pour lui faire part de mes soupçons, lorsque je crus sentir (j'en ris encore en y songeant) une légère pression du genou de Mlle Amélie contre le mien. Je tournai les yeux sur elle; les siens se baissèrent avec une modestie si comique, que peu s'en fallut que je ne trahisse l'amoureux mystère par un grand éclat de rire. Je connus dès-lors le rôle que je jouais dans la petite comédie que se donnait M. de Gréville aux dépens de ces dames et aux miens.

Je pris le parti d'en rire avec lui en sortant de table ; mais quoi qu'il pût faire, je ne jugeai pas à propos de pousser la plaisanterie plus loin ; et sans égard aux sollicitations de Mme Dubourg, qui me flattait de l'espoir d'entendre son Amélie jouer, à livre ouvert, un concerto de Steibelt (qu'elle étudiait depuis dix ans) ; de la voir danser un *bollero* avec accompagnement de *castagnettes ;* sans faire attention au regard dédaigneusement courroucé que Mlle Amélie laissa tomber sur moi, je sortis de cette maison, moins fier de ma conquête, que satisfait des observations que j'avais faites. Il y a des gens et des choses qu'il faut voir ; l'imagination ne les devinerait pas.

N° XXII. — 13 *décembre* 1815.

LES JONGLEURS INDIENS A PARIS.

Quod adest præstò (nisi quid cognovimus ante
Suavius) imprimis placet.

LUCR., liv. 5.

Tout ce qui s'offre à nous (à moins qu'il n'ait été précédé de quelque chose plus extraordinaire) est en droit de nous plaire par sa nouveauté.

Si je m'étais contenté d'intituler ce discours les *Jongleurs*, on aurait pu exiger de moi que je traitasse un pareil sujet dans toute son étendue. Je me verrais dans la nécessité de parler de ces *jongleurs politiques* qui ont le secret de faire passer un royaume à travers un traité d'aillance sans *le* déchirer (c'est-à-dire sans déchirer le traité); qui placent une guinée sous chacun de leurs gobelets, et y font trouver une province; qui se tiennent en équilibre sur un seul pied au sommet d'une pyramide dont ils déplacent à volonté la base.

Je serais forcé de faire mention de ces *jongleurs de tribune* qui ont toujours un préjugé à mettre à la place d'une raison, et qui passent leur vie à souffler en l'air des bulles de savon qu'ils veulent nous faire prendre pour des étoiles.

Je ne pourrais me dispenser de vouer au ridicule et à l'opprobre ces *jongleurs d'antichambre* qui escamotent une place avec tant d'adresse ; qui font passer d'une bourse dans l'autre l'argent des spectateurs, et qui dansent sans balancier sur la corde à laquelle ils finissent quelquefois par rester suspendus.

Je serais nécessairement conduit à dire deux mots de ces *jongleurs littéraires* qui vendent au poids de l'or le papier qu'ils salissent ; qui taillent une plume comme on aiguise un poignard, et qui parviennent quelquefois à achalander les drogues ou les poisons qu'ils débitent à l'aide des compères qu'ils ont soin de distribuer dans la salle.

Mais je me suis expliqué ; c'est uniquement des jongleurs de profession qu'il s'agit, et particulièrement des *jongleurs indiens*, près desquels nos *Comus*, nos *Pinetti*, nos *Olivier* ne sont que des écoliers maladroits.

Pendant un séjour de plusieurs années sur les bords du Gange, j'ai eu souvent occasion de voir et d'admirer la prodigieuse adresse d'une classe d'hommes que l'on serait tenté de croire organisés, à certains égards, d'une manière beaucoup plus parfaite que les autres, tant il est difficile d'expliquer comment, avec les mêmes organes, ils peuvent exécuter des mouvemens et des actions qui semblent appartenir à une autre nature. L'habileté des jongleurs de l'Inde ne consiste pas, comme celle de leurs confrères d'Europe, à fasciner les yeux par des apparences, mais à produire, sans aucun prestige, des effets dont il est impossible de se rendre compte par les lois physiques dont les moyens d'exécution nous sont les plus familiers. Avant d'en venir aux jongleurs indiens que l'on voit en ce moment à Paris, et du talent desquels je me suis assuré par mes yeux, je veux faire connaître l'espèce entière à mes lecteurs. Il me suffira pour cela de citer quelques fragmens d'un chapitre du journal de mes voyages.

« Les jongleurs se divisent en quatre classes : les *caradivis* (joueurs de gobelets); les *tombairs* (faiseurs de tours de forces); les *chottis* (lutteurs), et les *pambalis* (enchanteurs de serpens). Ces différentes troupes (composées pour l'ordinaire de cinq acteurs, en comptant le musicien qui en fait partie) se réunissent dans les grandes villes, à certaines fêtes solennelles. Plus de cent mille étrangers sont accourus cette année (1790) à Bénarès, de toutes les parties de l'Indoustan, pour y voir la bande de jongleurs la plus nombreuse et la plus étonnante que la fête de la *Dourga* * ait encore attirée. J'ai assisté hier à leurs jeux, qui tiennent véritablement du prodige.

» Les *caradivis* parurent les premiers sur une estrade carrée que l'on avait élevée au milieu de la place qui sert de parvis à la grande pagode. Leurs tours de gobelets sont à-peu-près les mêmes qu'exécutent les escamoteurs européens, mais ils exigent plus d'adresse, parce que les *caradivis* sont presque nus, n'ont point de gibecière, point de table, et se servent de gobelets de cuivre d'une dimension très-petite,

* *Dourga* ou *Drugah*, divinité indienne, femme de *Sieble* le destructeur, et déesse de la Volupté : sa fête se célèbre le septième jour de la lune de septembre, et dure une semaine entière.

qui ne laisse pas la possibilité d'y pratiquer un double fond. Le tour qui m'a le plus étonné est celui-ci : le *caradivis* avait placé bien ostensiblement une muscade sous chacun de ces gobelets ; j'étais auprès de lui, et il m'avait vu sourire une ou deux fois de l'air d'un homme qui n'était pas sa dupe. Il m'invita malignement à désigner le gobelet sous lequel je voulais que s'opérât la métamorphose de la muscade ; j'indiquai le gobelet dont j'étais le plus éloigné, et dont je croyais être sûr qu'il n'avait pas approché la main. A sa prière, je levai moi-même le gobelet, et je ne pus retenir un cri d'effroi à la vue d'un serpent qui se déroula précipitamment, et parut vouloir s'élancer sur moi en se dressant sur sa queue.

» Les *tombairs* firent ensuite plusieurs tours d'adresse, de force et d'équilibre, d'une exécution si merveilleuse, que je douterais du témoignage de mes propres yeux, si je n'avais eu depuis vingt occasions de le confirmer. L'un d'eux, après avoir planté en terre, et la pointe en haut, plusieurs épées qui formaient un cercle, dont l'intérieur n'avait pas plus d'un pied et demi de diamètre, s'élança, au moyen d'une planche élastique, par-dessus un éléphant qui lui cachait le cercle d'épées, et alla retomber au milieu après avoir fait un tour sur lui-même.

» Une jeune fille, belle comme le sont presque toutes les Indiennes à quinze ans, monta jusqu'à la pointe d'une perche de bambou, qui n'avait pas moins de soixante-dix pieds de hauteur, y plaça son corps en équilibre dans une position horizontale; puis, étendant les bras et les jambes dans l'attitude de quelqu'un qui nage, elle tourna plusieurs fois sur elle-même avec une incroyable rapidité; mais tout-à-coup, elle feint de perdre l'équilibre; un cri d'épouvante échappe aux spectateurs; elle tombe et s'arrête miraculeusement à quelques pieds de terre, en se retenant par le pied à une traverse garnie de larges anneaux que l'on avait adaptée au bas de la perche.

» Le chef de ces saltimbanques, véritable Apollon pour la beauté des formes, prit une tige de bambou de vingt pieds de haut, la mit droit en équilibre sur une pierre, et y monta comme s'il eût grimpé à un arbre : il s'y tint debout sur un pied, s'y plaça ensuite horizontalement, et dansa dans cette attitude avec la perche, sans qu'elle perdît un moment l'équilibre.

» Ce même homme plaça un enfant debout sur un pied, à l'extrémité d'un rotin flexible, l'éleva dans l'air à bras tendu, et le promena autour de l'assemblée ; mais, ce qui passe toute croyance, à un mouvement qu'il imprima au rotin, l'enfant se trouva, sans perdre l'équilibre, avoir changé de pied sur une surface de la largeur d'une dame de trictrac.

» La jeune fille qui avait déjà paru s'étendit horizontalement sur une planche de la largeur de son corps, élevée à trois pieds de terre ; un *tombair*, d'une taille gigantesque et d'une figure qu'il avait cherché à rendre effroyable, s'avance, armé d'un large cimeterre, place une feuille de bétel sur la poitrine découverte de la jeune fille, et, d'un coup de sabre appuyé en apparence de toute la force de son bras, coupe en deux la feuille, sans effleurer la peau.

» Le chef de cette troupe termina ses exercices en se plongeant dans le gosier une lame de sabre d'un pouce de large et de deux pieds et demi de longueur. Ce tour, ou plutôt cette expérience, que j'ai déjà vu exécuter cent fois avec une surprise et un effroi toujours nouveaux, est une preuve de plus de la puissance d'une longue habitude.

» Les *chottis*, auxquels les *tombairs* cédèrent la place, sont des *boxeurs* de la plus terrible espèce : ceux-ci étaient armés d'un disque de fer dentelé comme une scie, dont les coups, lorsqu'ils ne parvenaient pas à les parer, faisaient ruisseler le sang sur leurs corps nus jusqu'à la ceinture. Ce ne fut qu'en leur jetant force *roupies** que l'on parvint à faire cesser un jeu où l'on craignait à chaque coup de voir expirer un des deux adversaires.

» La danse des serpens termina les jeux de cette journée. Les *pambatis* s'avancèrent avec leurs corbeilles. Avant de les ouvrir, ils préludèrent sur le *mangoudi* (espèce de cornemuse) : le couvercle des corbeilles enlevé, on en vit sortir une douzaine de serpens à lunettes,** appelés dans le pays *couleuvres capelles*. Le col enflé, l'œil enflammé, la gueule béante, ces reptiles paraissaient prêts à se lancer sur les

* Pièce de monnaie de la valeur de 55 sous.

** *Coluber Naja*, l'un des serpens dont la piqûre est mortelle.

pambatis ; ceux-ci les excitaient en leur présentant le poing et en suivant la mesure indiquée par les *maugoudis* : aussitôt les serpens, debout sur leur queue, immobile à son extrémité, agitèrent leurs corps et leur tête en cadence, et formèrent une espèce de danse qui excita des éclats de rire universels. »

Il y a trois mois qu'à dîner chez Mme de Lorys, en parlant de l'habileté des jongleurs de l'Inde, je citais les mêmes faits dont j'avais été témoin : lorsque j'en vins au sabre de vingt-six pouces de long qu'ils se plongent dans le gosier, le médecin de cette dame entama une longue dissertation pour me prouver que j'avais été dupe d'un prestige, et que le fait était physiologiquement impossible. Entre un voyageur qui affirme et un médecin qui nie, la question devrait au moins rester douteuse; elle fut décidée en faveur du docteur négatif. Je n'étais pas homme à perdre l'occasion qui vient de se présenter de donner un démenti de fait à la médecine : j'ai conduit Mme de Lorys et le docteur au spectacle des jongleurs indiens, récemment ouvert dans la rue de Castiglione.

Ces jongleurs, de la classe des *tombairs*,

sont au nombre de trois : le plus jeune est exclusivement chargé de la partie de la musique, laquelle consiste en un chant vif et monotone, accompagné d'une espèce de triangle en harmonie.

La première partie de la représentation consiste en tours de gobelets exécutés avec plus d'adresse, mais beaucoup moins piquans et moins variés que ceux de nos bateleurs.

Le jeu des balles de cuivre, que je ne me souviens pas d'avoir vu dans les Indes, est un miracle d'adresse. Le tombair, tantôt accroupi, tantôt couché, jette en l'air dans toutes les directions, et reçoit tour-à-tour quatre balles de cuivre doré de la grosseur d'une orange, au moyen desquelles il décrit, suivant qu'il les lance en avant, derrière le dos ou par-dessous ses jambes, des figures variées où l'œil, trompé par la vîtesse, croit voir des gerbes, des spirales ou des cercles d'or. « Remarquez bien, dis-je au docteur, que cet homme n'a que deux mains, et expliquez-moi, si vous pouvez, comment il exécute une action qui semble en exiger quatre. » Il reproduisit, avec plus de difficultés, des effets à-peu-près semblables, en substituant aux balles trois grands couteaux, qu'il fit voltiger en tous sens.

Après un entr'acte de quelques minutes, commencèrent les tours d'équilibre, non moins surprenans, mais beaucoup moins dangereux que ceux que j'ai décrits. Le jongleur, assis, fait tourner sans interruption deux larges anneaux autour de ses orteils; il défile en même tems un chapelet d'une vingtaine de perles, qu'il met dans sa bouche, et dont le fil pend à la vue des spectateurs : pendant qu'il les enfile avec sa langue, et qu'on les voit descendre l'une après l'autre, il tient une épée en équilibre entre ses deux yeux.

Il serait trop long et trop difficile de décrire les différens tours d'équilibre qu'il exécute ensuite avec une toupie qu'il fait tourner sur une pointe de fer, qu'il fait courir le long d'une tringle et qu'il place ensuite sur un roseau flexible en équilibre sur son menton, en lui imprimant des mouvemens divers en contradiction apparente avec toutes les lois de la statique et de la gravité des corps.

A ces tours succède celui d'un boulet de granit, pesant quatorze livres, que l'Indien lance avec ses pieds : il le reçoit d'abord sur un bras, le rejette sur l'autre, le fait voler à une grande hauteur, le reçoit sur la nuque du cou, et le fait rebondir à plusieurs reprises sur ses épaules.

Le jongleur indien qui avait commencé le spectacle par les escamotages, se présenta pour le terminer par le fameux tour du sabre, où j'attendais mon docteur. L'instrument passa dans ses mains; il en mesura la longueur, et s'approcha du théâtre assez près pour se convaincre par tous ses sens de la réalité d'une expérience qui met encore une fois sa physique en défaut.

N° XXIII. — 16 *décembre* 1816.

LA MÉLANCOLIE.

De ta tige détachée,
Pauvre feuille desséchée,
Où vas-tu ? — Je n'en sais rien :
L'orage a brisé le chêne
Qui seul était mon soutien.
De son inconstante haleine
Le Zéphir ou l'Aquilon,
Depuis ce jour me promène
De la forêt à la plaine,
De la montagne au vallon ;
Je vais où le vent me mène
Sans me plaindre ou m'effrayer ;
Je vais où va toute chose,
Où va la feuille de rose
Et la feuille de laurier.*

On a tant abusé de ce mot charmant *mélancolie,* qu'on serait parvenu à le rendre ridicule,

* On ne connaît pas l'auteur de cette fable inédite ; on sait seulement qu'elle a été trouvée dans les papiers d'un descendant de Mme de la Sablière.

si on avait pu en trouver un autre pour peindre une situation de l'ame, ou, si l'on veut, une disposition de l'esprit, à laquelle les Français sont peut-être plus enclins qu'aucun autre peuple. Cette observation ne dément point celle que l'on a faite, et dont on convient plus généralement, sur la gaîté de leur caractère. La mélancolie (qu'il faut bien se garder de confondre avec cette maladie organique que nos voisins d'outre-mer ont appelée le *spleen*) n'est pas une manière d'être habituelle, mais un accident de notre nature, auquel les caractères excessivement gais sont plus sujets que les autres. C'est donc avec plus de prétention que de justesse qu'on a défini ce sentiment la *convalescence du malheur*, puisqu'il nous surprend quelquefois au sein du bonheur même, et qu'il se prête aux plus douces illusions de la vie pour en augmenter le charme, comme il se mêle aux plus vives douleurs pour en tempérer l'amertume. La mélancolie se plaît dans les méditations qui exercent l'ame et lui donnent un sentiment plus expansif de son existence. Elle vit dans le passé ou dans l'avenir; le présent seul n'existe pas pour elle. J'aime assez la figure et l'attitude que lui donne le poète anglais Warton :

Melancholy
Goddess of tearful eye
That loves to fold her arms and sigh. *

S'il est un plaisir dont il soit impossible de se rendre compte, c'est sans doute celui dont la source est dans l'idée d'une certaine perfection que l'on ne trouve ni en soi ni dans les autres, et que l'on cherche hors de la nature; dans un état de mal-aise où l'ame se complait à flotter, sans repos et pourtant sans fatigues, sur une mer d'incertitudes qui n'a que l'horizon pour rivage.

Je ne cherche point la cause de ce phénomène physiologique ou psychologique; je parle de ses effets, et j'écris sous la dictée de mes impressions et de mes souvenirs.

La mélancolie, tout-à-fait inconnue aux peuples sauvages, paraît être le dernier degré de la civilisation; elle n'est donc point fille de la solitude, comme on l'a si souvent répété; il serait plus vrai de dire qu'elle en est la mère; car elle la fait naître en tout lieu : c'est une

* *Mélancolie:* Déesse aux yeux humides de larmes; elle s'assied, croise les bras et soupire.

des propriétés de cette faculté de l'ame que d'isoler de la nature entière l'objet dont elle se saisit, et, pour parler le langage des physiciens, de *faire le vide* autour de lui.

Née pour l'ordinaire dans le tumulte du grand monde, la mélancolie s'y crée des déserts où elle se réfugie jusqu'à ce qu'elle trouve l'occasion d'en habiter de réels, qu'elle peuple de ses longs souvenirs et de ses vagues espérances.

Tel est le sort qui m'a été réservé : après une longue vie passée dans l'orage des passions, continuellement entre les deux excès d'une gaîté bruyante et d'une mélancolie profonde, les heures qui ont laissé dans ma mémoire les traces les plus durables, dont le souvenir a plus de charmes pour mon esprit, sont celles où je me suis endormi au milieu de ces songes de l'homme éveillé.

Entre une foule de situations semblables, il en est qui se rattachent aux trois principales époques de ma vie, et vers lesquelles mes idées se reportent avec plus d'intérêt.

Je me retrouve, à vingt ans, sur ce navire où je commandais une escorte de *lascars*, * à ma

* Voyez le N° CI du 4e volume de *l'Hermite de la Chaussée-d'Antin*.

sortie de Surate, et dans ce désordre d'esprit où m'avait plongé l'abandon de la volage Nanine. C'était dans une de ces belles nuits qu'on ne connaît qu'entre les deux tropiques : le ciel, d'un azur de saphir, étincelait d'étoiles ; le navire, poussé par un vent frais, laissait derrière lui un sillage lumineux dont j'observais le phénomène, assis sur la galerie de poupe. Insensiblement la majestueuse uniformité du tableau, le bruissement monotone des petites vagues argentées qui se brisaient autour du vaisseau sans interrompre le vaste silence de la nuit, produisirent dans mes idées quelque chose de semblable à l'impression matérielle que j'éprouvais. Je me sentais seul, isolé dans la nature, détrompé d'un amour dont le souvenir m'arrachait des larmes, et ne sachant désormais où reposer ni mes vœux, ni mes espérances. L'infidélité d'une maîtresse était à mes yeux le crime de l'humanité tout entière : « Des êtres sensibles! me disais-je, il n'en existe pas ; tout est caillou, tout est argile dans ce monde! » Le sentiment de haine et de mépris que m'inspiraient en ce moment les hommes me donnait une plus haute opinion de moi-même. Je me voyais avec orgueil aux prises avec la fortune; et, loin de la repousser, je caressais l'image de tous les malheurs que mon imagination exaltée se plaisait à m'offrir : Qu'allais-je devenir? A quelle suite d'événemens étais-je réservé dans cette vaste carrière de la vie, où dès les premiers pas j'étais abandonné sans parens, sans amis, sans guide? Je puisais dans l'amertume de ces réflexions (qui se présentaient pour la première fois à mon esprit, dont l'amour jusqu'à ce moment les avait éloignées) je ne sais quelle confiance dans mes propres forces, je ne sais quel courage aventureux dont j'étais au moment de faire la plus terrible épreuve*. . . . .

. . . .

Trente ans de ma vie s'étaient écoulés dans une tourmente d'événemens où j'avais épuisé toutes les chances de la destinée humaine; jeté au milieu d'un peuple sauvage dont les nations civilisées m'avaient appris à chérir les vertus, j'espérais y finir mes jours : la mort m'enleva la douce compagne de mon heureux exil : mes mains lui avaient élevé, au pied d'un rocher, sur les bords du fleuve, un simple mo-

* Voy. *l'Hermite de la Chaussée-d'Antin*, t. 4, p. 342.

nument, où je venais souvent me recueillir; ma fille, le dernier et le plus tendre lien qui m'attachât à la terre; ma fille, encore dans l'enfance, et qui n'en devait sortir que pour entrer au tombeau de sa mère, m'avait un jour accompagné dans cette triste solitude.

Tandis que l'enfant s'amusait sur la rive à ramasser des coquillages dont elle remplissait une calebasse, j'étais assis au pied du rocher, et je suivais des yeux le cours d'un des plus grands fleuves du monde à travers les impénétrables forêts qui bordent les deux rives. Je remontais, par la pensée, ce torrent des âges, où je me sentais emporté comme la feuille légère sur laquelle s'arrêtaient mes regards. Quel étrange concours d'événemens m'avait conduit des bords de la Loire, où j'avais pris naissance, sur ceux de l'Orénoque, où je me trouvais au déclin de ma vie! « J'avais reçu le jour en France, au milieu du plus brave, du plus aimable des peuples; j'étais appelé à y tenir un rang honorable; je pouvais être utile à mon pays, peut-être illustrer mon nom parmi mes concitoyens; et j'ai vécu, me disais-je, errant, inconnu, sans patrie, sans gloire!.... »

Je m'arrêtai sur ces mots : « *La patrie !* en est-il pour une nation où l'on fait des *Saint-Barthelemi*, où l'on révoque des *édits de Nantes*, où le despotisme est un culte, la religion un préjugé, la liberté un délire ?...... *La gloire* (ce sentiment national qui tient lieu de tant de vertus en France) ! de quel prix fut-elle payée à toutes les époques de notre histoire ? Luxembourg est enfermé dans un cachot de six pieds carrés ; Villeroi est préféré à Catinat, et Labourdonnaye meurt dans les fers ! Qu'importe ! l'injustice dont ils ont été victimes accroît aujourd'hui leur renommée. Où serait le mérite de servir son pays, si l'on devait toujours compter sur sa reconnaissance ? » .....

Cette dernière réflexion, que je cherchais à combattre pour échapper aux reproches et aux regrets dont elle était pour moi la source, m'avait conduit à relire la dernière lettre que m'avait écrite mon vieil ami *l'Hermite de la Chaussée-d'Antin*, dans laquelle il me faisait un tableau de la terrible révolution qui s'était opérée en France depuis cinq ans, et dont je recevais la première nouvelle au mois de juillet 1795.

Je fus interrompu dans ma lecture par les

cris de ma fille, qui m'annonçait qu'une pirogue descendait le fleuve, et s'avançait vers nous de toute la rapidité du courant. Au signal que je fis, la barque approcha du bord, et j'en vis sortir, à ma grande surprise, un homme qu'à ses vêtemens je reconnus pour un Européen : c'était un des malheureux exilés de Sinamary. Ses aventures, l'événement qui me le fit rencontrer, les entretiens que nous eûmes ensemble, pourront trouver place dans un autre discours. Pour ne point m'écarter de l'objet que je me suis proposé dans celui-ci, j'éssaierai de rendre compte du sentiment que m'a fait éprouver, il y a quelques semaines, l'aspect des lieux où je suis né, et où j'ai retrouvé les doux souvenirs de mon enfance. . . .

. . . .

C'est un bien singulier mécanisme que la mémoire des vieillards, d'où s'efface l'idée de la veille, et où se conservent les images et les impressions du premier âge. Je ne reconnus point la petite ville de Brassieux, qui n'est qu'à deux lieues du château d'H....., où je me rendais ; mais, à peine entré dans le chemin de traverse qui y conduit, je me retrouve, comme par enchantement, en rapport immédiat avec tout ce qui m'environne : non-seulement je reconnais, je nomme les hameaux, les fermes, les closeries,* aux environs desquelles je passe; mais j'étonne mon guide, presqu'aussi âgé que moi, en lui indiquant la place où se trouvaient tant d'objets qui ne sont plus. « C'est là, sur cette petite élévation, à l'entrée de ce taillis, que l'on voyait autrefois cette image de la Vierge enchâssée dans les branches d'un vieux chêne, célèbre à dix lieues à la ronde. Qu'est-il devenu? — Hélas! mon cher Monsieur, on l'a abattu il y a vingt-cinq ans, le jour où l'on a planté les arbres de la liberté. On vient d'abattre ces derniers; mais on ne peut pas replanter l'autre. — Je me rappelle qu'il y avait quelque part dans cette vallée un couvent de capucins dont le gardien était un excellent homme. — Père Sébastien? Il n'y a guère plus de dix ans qu'il est mort de vieillesse dans la commune de Maldives, où il s'était retiré...... Vous voyez les bâtimens de l'Abbaye : c'est M. le comte de Mol.... qui les a achetés pour

* Habitation du vigneron principal qui afferme ou exploite des vignes dans l'Orléanais.

*

y établir une filature.... Nous étions obligés de nourrir les religieux; c'est maintenant la fabrique qui nous nourrit.—Et les *frères ?*—Il y en a encore trois de vivans: deux sont mariés dans le village; et s'il est vrai que le Ciel bénisse les grandes familles, celles-là doivent prospérer. »

Tout en devisant de la sorte, nous arrivions à Her..... : je distinguais déjà les flèches de l'antique manoir qui date du règne de François Ier, ainsi que tous les vieux châteaux qui subsistent encore sur cette rive gauche de la Loire. Depuis vingt ans ce pauvre domaine avait changé cinq ou six fois de maître; et ce qu'il y a d'extraordinaire, malgré le tems et la révolution, le gothique castel était encore debout. Le jardinier-concierge, à qui la garde en était confiée, était l'arrière-petit-fils de celui que j'y avais laissé : je n'eus point de peine à en obtenir la permission de visiter dans les plus petits détails des lieux que j'avais tant de plaisir à revoir.

Rien n'était changé extérieurement; la chapelle et le colombier seuls avaient été détruits. J'entrai dans le château, que des fossés remplis d'une eau verdâtre entouraient encore, en songeant au petit bateau sur lequel j'avais tant de fois navigué, de compagnie avec les canards, les oies et les cygnes qui peuplaient ce vaste bassin.

Au fond du vestibule, où le stuc avait pris la place du plâtre rechampi, je cherchai en vain dans sa niche la statue de pierre grossièrement taillée en Apollon, dont j'avais cassé la flûte et les doigts en jouant à la balle. Le salon, depuis cinquante ans, a été plus d'une fois remeublé à neuf; mais on voit encore au-dessus des portes, et sur l'énorme poutre qui partage le plafond, des sujets, des attributs de chasse peints à fresque sur les dessins de mon grand-père. C'est là que s'arrêtèrent mes regards; je croyais encore voir mon aïeul me montrant, du bout de sa canne, *Actéon changé en cerf*, et la nymphe *Calisto sous la figure d'une ourse*, méconnue de Jupiter lui-même.

J'essaierais vainement de donner une idée des sensations diverses qui m'assaillirent à-la-fois en entrant dans la chambre de ma mère; c'est là, dans cette place même que j'avais vu le jour pour la première fois, que j'avais éprouvé pendant dix ans tout ce que le cœur de la plus tendre mère renferme de tendresse, que j'avais payé par tant de caresses ses soins ineffables;

c'est là, dans l'âge où l'on commence à sentir le prix de cet amour qu'aucun autre ne remplace, que je vis mourir, avant trente ans, celle de qui je tenais la vie, et dont la perte me fit connaître le premier sentiment douloureux, le *seul* que le tems n'ait pu détruire.....

La seule pièce du château qui n'eut souffert aucun changement était la salle de billard, blasonnée du haut en bas. On avait eu le soin, pendant les dix premières années de la révolution, d'en cacher les nobles murailles par une boiserie derrière laquelle se sont conservés ces précieux lambris, que le nouveau propriétaire remet au jour plus sottement, mais avec autant d'orgueil que ceux qui les ont fait peindre.

N° XXIV. — 19 *décembre* 1815.

LES THÉATRES.

> .... Le théâtre
> Est en si haut degré, que chacun l'idolâtre;
> Il est ....
> ....
> L'entretien de Paris, le souhait des provinces,
> Le divertissement le plus doux de nos princes,
> Les délices du peuple et le plaisir des grands;
> Il tient le premier rang parmi les passe-tems.
>
> P. CORNEILLE.

JE ne suis pas de l'avis des Athéniens; *je ne veux pas qu'on emploie les fonds destinés à la guerre, aux dépenses du théâtre*, et je ne proposerais pas, comme eux, la peine de mort contre ceux qui, dans un cas urgent, hasarderaient la proposition contraire. A cela près, j'attache, je dois en convenir, un très-haut degré d'importance à notre situation dramatique, et j'entre dans une sainte colère contre ces Welches qui cherchent à dégrader chez nous les deux muses de la scène, en les couvrant de tout cet oripeau de fabrique étrangère, que le bon goût doit prohiber.

Depuis deux siècles, le Théâtre-Français n'a plus de rival; et, quoi qu'en disent les *romantiques* d'outre-Rhin et d'outre-mer, il faut bien qu'ils finissent par convenir que la scène sur laquelle on représente les chefs-d'œuvre des Corneille, des Molière, des Racine, des Voltaire, est préférable à celles où se jouent les monstruosités de Shakespeare, d'Otway, de Lillo, les romans dialogués de Schiller et les rapsodies de Kotzebuë. Notre supériorité à cet égard est incontestable; cette partie de notre gloire nationale n'a reçu aucun échec : nous avons, par cela même, d'autant plus d'intérêt à la conserver. C'est dans cette vue, et dans ses différens rapports avec l'état actuel de la société, que j'examine aujourd'hui l'institution théâtrale, où je vois trois objets bien distincts : *le théâtre* (pris dans son acception la plus étendue), *les acteurs* et *les spectateurs*.

Le théâtre n'est point une école de mœurs : il est tems d'en convenir; et tous les sophismes de d'Alembert, toute l'éloquence de Diderot, ne prévaudront pas, à cet égard, contre quelques-unes des raisons du *citoyen de Genève*. Je conçois qu'avec la meilleure volonté du monde on ait peine à saisir la morale de *Georges Dandin*, du *Légataire universel*, du *Mariage de Figaro;* et je ne vois pas pourquoi M. le chevalier de Mouhi n'aurait pas fait un roman moins ennuyeux sur le *Danger des spectacles*. En effet, il y a du danger là comme il y en a partout où on se rassemble, partout où l'on s'instruit, partout où l'on s'amuse; c'est-à-dire que les dispositions perverses y peuvent trouver des prétextes ou des occasions, comme les penchans honnêtes y peuvent trouver des modèles.

Le théâtre ne doit pas être une école de morale; je dirai plus : cette prétention, lorsqu'elle se fait remarquer, est un premier indice de la décadence de l'art. C'est un délassement qu'on vient chercher au spectacle : amuser, intéresser, séduire, tel est l'objet de toute représentation théâtrale. Si quelques génies supérieurs ont atteint plus haut, c'est toujours sans y viser et sans y prétendre.

Je ne pense pas non plus, encore que j'aie entendu soutenir ce paradoxe avec beaucoup d'esprit et de talent, que le théâtre puisse être regardé comme une *galerie de tableaux où sont retracées fidèlement les mœurs des nations, aux différentes époques de leur histoire*. Je ne vois que l'exemple des Grecs que l'on puisse appeler à l'appui d'un pareil système. Les représentations dramatiques étaient bien véritablement, chez eux, la peinture de leurs mœurs civiles, politiques et religieuses. Les Romains, qui se sont bornés à des traductions, ou tout au plus à de froides imitations de la scène grecque, n'ont laissé, dans ce qui nous reste de leur théâtre, aucun monument de leur histoire.

On en peut dire autant des théâtres modernes, sans même en excepter celui des Français, où le costume et le caractère particulier de l'époque sont presque toujours ce qu'on y rencontre le moins. Si l'on en excepte la comédie des *Femmes Savantes*, où la satire est tout-à-fait locale et personnelle, dans ses autres ouvrages Molière s'est attaché à saisir les grands traits de la nature humaine; il a peint les vices, les préjugés, les ridicules de tous les tems; aussi a-t-il écrit pour tous les siècles; je ne pense pas qu'il y eût, de son tems, plus de *Misantropes*, de *Tartufes*, d'*Avares* et de *Georges Dandin* qu'il n'y en a du nôtre. En examinant cette opinion, qu'un de nos plus spirituels écrivains a défendue avec tous les avantages du talent, je remarque, par antilogie, que les mœurs du théâtre sont quelquefois en opposition directe avec celles de la société. Je n'irai point en chercher la preuve en Angleterre, où chacun sait que la plus grande licence règne sur la scène, et la plus excessive pruderie dans les salons; mais en faisant observer que les mœurs et le langage de notre théâtre sont tellement épurés, tellement sévères, que plus d'une fois il a suffi d'une inconvenance, d'une expression équivoque pour amener la chute d'un ouvrage d'ailleurs estimable, je me contenterai de demander si la société actuelle a le droit de se montrer si rigide.

Le théâtre n'est ni l'école, ni la peinture des mœurs; mais il peut en être considéré comme le miroir, dans ce sens que c'est dans ce lieu qu'elles se concentrent, qu'elles se réfléchissent, et qu'on peut y observer plus commodément le jeu des passions, des préjugés et de l'opinion publique. Le choix des ouvrages que l'on représente le plus habituellement, la manière dont on les écoute, le genre de plaisir ou d'infortune avec lequel la masse des spectateurs sympathise le plus volontiers ; la maxime à laquelle tout le monde applaudit, le ridicule dont tout le monde se moque , les dispositions qu'on apporte au théâtre, le maintien qu'on y prend, la mode qu'on y introduit, les gens avec qui l'on y va , sont autant d'observations à recueillir, et d'après lesquelles , en ne tenant aucun compte des circonstances et des incidens , on peut se faire une idée complète des mœurs nationales.

A n'examiner nos théâtres que sous les rapports purement matériels, il s'en faut que nous ayons atteint le degré de perfection où l'art dramatique est parvenu. Aucune de nos *salles* ne peut être considérée comme un monument d'architecture : tous ces édifices, l'Odéon excepté , manquent extérieurement de style et de noblesse ; les abords en sont difficiles, les distributions incommodes , les escaliers étroits, les corridors tellement resserrés, que deux personnes peuvent à peine y passer de front; la place dans les loges est mesurée avec une si rigoureuse parcimonie, que pour peu qu'une des personnes qui les remplissent sorte des dimensions communes, elle doit s'imposer à elle-même et imposer aux autres un véritable supplice, pour trouver à s'y loger en entier. La plus sordide économie préside aux moindres détails : les chaises sont incommodes et les banquettes mal rembourrées, les portes mal closes; nos salles de spectacle sont mal chauffées, mal éclairées; le défaut de propreté, de soins, s'y fait remarquer, et plus souvent sentir : la salle de Feydeau est la seule où l'on descende de voiture à couvert, mais, pour balancer ce léger avantage, elle est entièrement privée de vestibule. Tous ceux des autres théâtres sont petits, mesquins et glacés : les femmes, en attendant leur voiture, s'y disputent, avec les soldats de garde et les domestiques, une petite place auprès d'un poële dont il est aisé de voir que le chauffage est à l'entreprise; l'éclairage est soumis aux mêmes lois économiques, à en juger par la précipitation avec laquelle on éteint toutes les lumières, avant même que la foule ait eu le tems de s'écouler.

Ceux qui ont affronté les barricades du Théâtre-Français, un jour de première représentation; qui sont restés pendant deux heures entre la colonnade du théâtre et le ruisseau de la rue de Richelieu, pour y attendre l'ouverture des portes, dans la cruelle alternative de se voir refoulés dans la rue à coups de crosse par les sentinelles, ou écrasés par les voitures, dont les cochers croient avoir mis leur conscience en repos en criant *gare* à des gens qui ne peuvent ni avancer ni reculer ; ceux-là, dis-je, qui ont eu le bonheur de s'engouffrer tout vivans dans l'abîme du vestibule ouvert, au moment où le torrent s'y précipite, peuvent, sans être militaires, se vanter d'avoir fait une bien périlleuse campagne.

Je n'ai ni le tems ni l'espace nécessaire pour montrer les changemens, les améliorations de toute espèce, que le bon ordre et le bon goût réclament dans la construction, dans la décoration, dans la distribution de nos théâtres ; pour signaler les vices, les abus de leur administration intérieure ; pour faire connaître les causes de cette décadence apparente de l'art dramatique, dont se plaignent quelques turlupins littéraires qui s'arrogent si burlesquement l'empire de la critique, il faudrait un volume pour examiner le mal dans toute sa profondeur, dans tous ses développemens ; quelques lignes suffisent pour en indiquer le remède :

Les Romains (que je demande pardon de citer) avaient fait de l'*édilité* une magistrature de la plus haute importance. Notre passion pour les jeux scéniques n'est ni moins forte, ni moins populaire que ne fut la leur : ce délassement, ennobli par son but et par son objet, est devenu pendant quelques heures du jour l'occupation favorite des Français de toutes les classes; pourquoi l'administration des théâtres de France ne formerait-elle pas, comme dans plusieurs autres Etats, un ministère séparé, sous la conduite d'un grand seigneur, protecteur éclairé des arts, et qui brillerait lui-même de tout l'éclat qu'il répandrait sur eux ? S'il existe un corps qui ait besoin d'un chef, et d'un chef unique, c'est sans doute celui dont l'amour-propre est l'ame, et dont les auteurs et les comédiens sont les membres.

Un de mes amis, dont tous les raisonnemens sont des calculs, m'a prouvé que cette capitale, dans l'état actuel de sa population (qui ne s'élève pas, selon lui, à plus de 500,000 ames), ne pouvait entretenir que trois grands spectacles et trois petits. Je n'entre point dans l'examen de cette proposition, susceptible d'une démonstration mathématique, et je me contente de jeter un coup-d'œil rapide sur les grands théâtres, en commençant par celui qui porte le nom de *Français* par excellence.

Riche de ses immortels chefs-d'œuvre, de la supériorité incontestable de ses acteurs, parmi lesquels il en est deux de sexe différent qui n'ont point, et, j'oserais presque dire, qui n'ont point encore eu de rivaux, *la comédie française* se soutient honorablement, malgré le mauvais choix de son répertoire, où figurent, au premier rang, les ouvrages de *Marivaux*, de *Lanoue*, de Lafosse et de Dubelloy; malgré le peu d'intelligence qui règne entre les sociétaires, malgré les dégoûts dont on abreuve les auteurs vivans, malgré.... *et cœtera*, et quatre pages d'*et cœtera*.

L'*Opéra* (théâtre véritablement national, où les succès sont d'autant plus difficiles à obtenir qu'ils exigent le concours de tous les beaux-arts), l'Opéra penche vers sa ruine depuis que le mérite du compositeur se réduit à ajuster des airs de ballets, et le talent du poète à rédiger des programmes; en un mot, depuis que la danse est devenue principal, où elle ne doit être qu'accessoire. Voltaire, qui juge tout ce dont il parle, a défini l'Opéra un théâtre

> Où les beaux vers, la danse et la musique,
> De cent plaisirs font un plaisir unique.

Cet éloge de ce qui doit être, fait la satire de ce qui est. Ce théâtre, depuis long-tems, n'aspire plus qu'aux succès du mélodrame et de l'opéra-comique; il n'obtiendra ni l'un ni l'autre : on ira de préférence au premier, parce qu'il est moins cher, et au second, parce qu'on y parle, du moins, quand on n'y chante pas. L'Opéra possède, en tout genre, des talens de premier ordre; c'est de bons ouvrages qu'il a besoin; et, quoi qu'on en dise, un bon opéra n'est pas moins rare qu'une bonne tragédie.

L'Opéra-Comique est un spectacle bâtard, que des hommes de génie ont élevé à la dignité d'un genre : pour l'y maintenir, il serait à souhaiter qu'on ne s'écartât pas de la route ouverte par les Marmontel et par les Grétry; qu'on n'oubliât pas que sur un théâtre français, même lyrique, le cœur et l'esprit sont les chemins de l'oreille, et que les paroles de MM. tels et tels, fussent-elles réchauffées et brillantées des sons de la plus délicieuse musique, ne peuvent réussir que sur le théâtre de la rue Favart, en les alongeant de quelques syllabes en *i* et en *o*, et en les faisant chanter par un instrument vocal.

N° XXV. — 22 *décembre* 1815.

CONFIDENCES D'UNE JEUNE FILLE.

Fallere credentem non est operosa puellam
Gloria. OVIDE, liv. 2.

Quel mérite y a-t-il à tromper la crédulité d'une jeune fille?

IL y a des bonnes-fortunes de tout âge; c'en est une bien rare, à près de quatre-vingts ans, que l'amitié d'une jeune fille de quinze, naïve comme l'innocence, jolie comme un ange et spirituelle comme un démon. Cette bonne-fortune-là m'était réservée. Je loge à Paris, à l'hôtel de Mme de Lorys, dans un petit appartement, au rez-de-chaussée. Cette dame (dont la fille aînée est morte littéralement de douleur en apprenant la perte qu'elle avait faite de son mari, officier-général du plus grand mérite, qui fut tué à la bataille d'Austerlitz); cette dame, dis-je, a pris chez elle et fait élever sous ses yeux, avec toute la tendresse et tous les soins d'une mère, l'intéressante orpheline que sa fille a laissée, et dont je faisais tout-à-l'heure le portrait, en quelques mots.

La jeune Ida est un petit prodige, dans la force du terme. A peine sortie de l'enfance, elle a toute la grâce, toute la beauté de la jeunesse, tout le bon sens, j'ai presque dit toute l'expérience morale de l'âge mûr. Ma chambre donne sur le jardin, et la petite, qui s'y promène toute la matinée, entre souvent par la fenêtre, et vient causer avec son vieil ami, qu'elle appelle son *Robinson*. Notre dernier entretien lui a donné l'occasion de développer une raison si précoce, des observations si fines, que j'ai pris soin de les mettre par écrit le jour même. Elle était venue frapper à ma fenêtre de meilleure heure qu'à l'ordinaire.

L'HERMITE (*en ouvrant la croisée*).

Quoi! si matin, ma chère Ida! justement à l'heure de votre maître d'histoire et de géographie!

IDA.

C'est aujourd'hui le mardi-gras; il m'a prévenue hier qu'il n'y avait pas d'affaires, de leçons, qui tinssent; que, ce jour-là, il ne quittait pas ses enfans, et qu'il avait l'habitude de célébrer cette fête en famille. A son défaut, j'étais entrée chez ma grand'mère, pour étudier avec elle; j'ai vu entrer Mme de Gailleul, et je me suis retirée bien vîte.

L'HERMITE.

Vous n'aimez donc pas cette dame?

IDA.

Beaucoup, au contraire; mais il n'y a pas très-long-tems qu'elle a perdu une fille du même âge que moi, et j'ai craint que ma présence ne lui rappelât trop vivement le souvenir de sa perte.

L'HERMITE.

Comment pouvez-vous deviner le secret d'une pareille douleur?

IDA.

En me mettant à la place de celle qui l'éprouve.

L'HERMITE.

Pour bien apprécier de semblables regrets, il faut pouvoir se faire l'idée du bonheur dont la perte les excite. On apprend à sentir, par expérience, comme on apprend toute autre chose.

IDA.

Et moi, je vous assure que, nous autres jeunes filles, nous faisons semblant d'apprendre beaucoup de choses que nous savions déjà. On s'imagine que nous n'avons des yeux que pour voir ce qu'on nous montre, des oreilles que pour entendre ce qu'on nous dit; on ne compte que sur l'éducation que l'on nous donne, et l'on ne nous fait pas l'honneur de croire que nous puissions penser, réfléchir, observer par nous-mêmes. Quant à moi, mon ami, je vous avoue que ce que je sais le mieux, c'est ce qu'on ne m'a point encore enseigné.

L'HERMITE.

Comment donc vous y prenez-vous pour l'apprendre?

IDA.

Je compare sans cesse les préceptes que l'on me donne et les exemples que j'ai sous les yeux, et des contradictions qui en résultent dans mon esprit, je tire des lumières que je mets ensuite tous mes soins à cacher.

L'HERMITE.

Mon enfant, ne vous pressez pas de vous instruire dans la science du monde. Il en est des vérités comme des grains : il faut, pour qu'ils germent, les semer dans la saison convenable. L'éducation nous montre la société telle qu'elle devrait être.

IDA.

Pourquoi donc, en nous la faisant voir telle qu'elle est, nous force-t-on de remarquer qu'on ne fait rien, le soir, de ce qu'on nous dit de faire le matin, et qu'on se conduit, dans le monde, par des principes tout-à-fait différens de ceux dans lesquels on nous élève ? Tous les livres que j'étudie enseignent que la bonté de l'ame est bien au-dessus de la beauté du corps ; que les vertus solides doivent être préférées aux talens agréables : je descends au salon, où je n'entends vanter que l'élégance de ma taille, la régularité de mes traits, et le charme de ma voix. Je crois avoir un bon cœur, de l'égalité dans le caractère, de la docilité dans l'esprit, et personne ne s'est encore avisé de m'en faire compliment.

Toutes les fois que, dans nos leçons, dans nos lectures, il est question d'amour, ma grand'mère passe sur ce mot-là comme sur des charbons ardens; mon maître de chant arrive, et me fait répéter cent fois, sur toutes les notes de la gamme, en italien et en français, *que l'amour est le souverain bien; qu'on ne peut vivre sans amour, et qu'il n'y a de bonheur que celui qu'on goûte en aimant;* le soir on me conduit à l'Opéra, où je vois une *Vestale* qui se console d'être enterrée vive, parce qu'elle a consacré un *moment à l'amour.* En quelque lieu que j'aille, on ne parle que d'amour, on ne chante que l'amour, on ne célèbre, on ne regrette que l'amour; et grand'maman n'en est pas moins convaincue que je ne me doute pas encore de ce que c'est que l'*amour,* moi qui sais par cœur le 7e livre de *Télémaque*.

L'HERMITE.

Dans ce cas, vous savez que cette passion a besoin d'être réglée par la sagesse; qu'autrement elle devient la source de tous les désordres de la société, du malheur des familles, et de la honte de ceux qui s'y abandonnent.

IDA.

Je le crois, mon cher Robinson : mais avouez qu'il y a bien quelque mérite à cela, dans une jeune fille qui examine avec attention ce qui se passe, ce qui se fait, ce qui se dit autour d'elle; car, enfin, je voudrais bien savoir ce qu'on pourrait répondre à quelqu'un qui dirait: « L'amour est nécessairement le lien et le charme de la société, puisqu'il est le sujet inépuisable de tous les entretiens, le but de tous les vœux, l'objet et le mobile de tous les arts. Il doit contribuer singulièrement au bonheur des familles, car on accueille avec une bienveillance, avec une prédilection toutes particulières, ceux qui prêchent d'exemple cette aimable doctrine. Sans doute, il contribue beaucoup à leur gloire, puisqu'on qualifie du nom de *conquêtes* les succès qu'ils obtiennent. »

L'HERMITE.

On répondrait à cela, ma petite amie, que les discours de salon ne sont rien moins que l'expression de la société; que ceux que l'on accueille le mieux dans le monde ne sont pas ceux que l'on y estime le plus, et que les mots du langage que l'on y emploie n'ont, comme les fiches dont on se sert au jeu, qu'une valeur de convention qui change suivant les parties, et qui cesse avec elles.

IDA.

Pour le moment, je veux bien me contenter de votre comparaison ; mais quand je serai mariée, je vous ferai, sur ce point-là, des objections qu'il vous sera moins facile d'éluder ou de détruire. Vous n'aurez pas aussi beau jeu pour justifier vingt autres contradictions sur lesquelles nous serons plus à notre aise, moi pour questionner, et vous pour répondre.

On me répète, depuis que je suis au monde, qu'une honorable pauvreté est digne de tous les égards, de tous les respects; qu'une fortune mal acquise ne mérite que le mépris. Vous avez dîné plusieurs fois chez mon oncle, avec MM. d'Arteuil et Mallard : on ne cite pas un honnête homme plus pauvre que le premier : on ne connaît pas un usurier plus riche que l'autre : cependant vous avez pu remarquer que celui-ci a constamment la meilleure place à table, et que M. d'Arteuil est toujours réduit à celle que je lui ménage auprès de moi.

J'ai deux tantes que vous connaissez, et dont la réputation est bien différente. Mme de Montgenet est le modèle de toutes les vertus ; elle a sacrifié sa fortune à ses devoirs d'épouse : elle ne connaît de plaisirs, de bonheur, que dans ses devoirs de mère; elle vit oubliée, dans un état voisin de l'indigence. Sa sœur, Mme la comtesse d'Essenille, a suivi une route directement opposée : elle est accueillie, recherchée, fêtée dans les meilleures compagnies; la fortune, les honneurs, la considération même ont été la récompense de sa conduite. Je sais bien qu'il ne faut pas agir comme Mme d'Essenille; mais je voudrais bien n'avoir pas le sort de Mme de Montgenet.

On nous prêche sans cesse, à nous autres jeunes filles, la modestie, la réserve, la discrétion. Je me suis donné bien du mal pour acquérir ces deux dernières qualités, auxquelles je n'étais pas très-heureusement disposée par caractère, et je suis tous les jours témoin des éloges qu'on donne à ma cousine Adèle, des hommages qu'on lui rend, de la préférence qu'elle obtient sur toutes ses compagnes, en affichant des défauts qui sont, tout juste, l'opposé des vertus qu'on nous vante comme le plus bel ornement de notre sexe. La nature, la religion, l'éducation nous font une loi du respect de la vieillesse; auprès de vous et de grand'maman, je ne

*

connais pas de devoir plus doux à remplir. Voyez pourtant avec quel mépris on parle des vieilles gens! comme on les délaisse! comme on les évite! comme on tourne en ridicule jusqu'à leurs infirmités mêmes! Je ne sais pas encore pourquoi on se met à rire quand je dis que je vous aime tant, que je voudrais être votre femme; mais je parierais bien que c'est de vous qu'ils se moquent.

L'HERMITE.

Vous pourriez bien vous en moquer vous-même, quand vous aurez deviné le secret de leur raillerie.

IDA.

Je n'en finirais pas, si je vous faisais toutes mes confidences. Que direz-vous, par exemple, de ce qui m'est arrivé dimanche dernier? J'ai passé les premières années de mon enfance avec Anette, la fille de la femme-de-chambre de ma mère; elle est du même âge que moi; nous avons été élevées dans la même pension, et j'ai conservé pour elle beaucoup d'amitié. Elle habite la campagne, et je ne l'avais pas vue depuis quatre ou cinq ans. Vous jugez avec quel plaisir nous nous sommes retrouvées ensemble.

Nous avons passé la matinée à causer dans ma chambre; l'heure du dîner est venue; je voulais qu'elle vînt se mettre à table auprès de moi; elle s'y refusa, et voulut que j'allasse en demander la permission à ma grand'mère; j'y courus, bien persuadée qu'on ne pouvait trouver mal aujourd'hui ce qu'on avait trouvé bien autrefois. Point du tout : grand'maman me dit que cela n'était point convenable, et qu'il fallait envoyer Anette dîner à l'office.

J'eus beau représenter qu'elle avait été la compagne de mon enfance; qu'elle était bien jolie, bien élevée; que je l'avais toujours appelée *mon amie;* j'eus beau rappeler à grand'maman qu'elle m'avait dit cent fois que la vanité était le plus ridicule et le plus insupportable des défauts, elle me fit cent raisonnemens pour me prouver que j'avais eu tort de profiter de ses leçons; et tout ce que je pus obtenir, à force de prières et de larmes, ce fut de dîner dans ma chambre avec ma pauvre petite Anette, qui m'assura pourtant bien, en me quittant, que je dînerais à table, avec toute sa famille, toutes les fois que j'irais la voir.

Ida raisonnait trop juste, et dirigeait ses petites attaques avec trop d'adresse, pour ne pas m'embarrasser quelquefois : je vins pourtant à bout de lui faire sentir que la plupart des contradictions qu'elle avait remarquées dans l'éducation et dans les mœurs n'étaient qu'apparentes ; que l'intérêt personnel, les convenances, la politesse, les devoirs de position, forçaient quelquefois à transiger, dans le monde, sur la sévérité des principes de la religion et de la morale, qui n'en étaient pas moins, comme je le lui prouvai à mon tour par les exemples les plus respectables, les seuls garans de l'estime publique, hors de laquelle il n'est point de plaisirs vrais, et encore moins de bonheur solide.

N°. XXVI. — 25 *décembre* 1815.

LES PASSANS.

> Vous n'aurez pas pour moi de langages secrets,
> J'entendrai des regards que vous croirez muets.
>
> RACINE, *Britannicus*, acte 2, scène 3.

Il y a des gens qui connaissent bien les cartes, qui conseillent on ne peut mieux, et qui ne savent pas jouer. Il y en a de même qui connaissent bien les hommes, leur nature, leurs mœurs, leurs habitudes, et qui n'entendent rien aux affaires : autre chose est d'observer ou d'agir. Je crois posséder ce premier talent, ou, plus modestement, cette aptitude, à un degré peu commun : je pénètre ce que je regarde ; je suis doué d'un coup-d'œil *intrusif* qui me montre les gens *intus et in cute ;* je démêle jusque dans leur repos le mobile de leurs actions ; j'entends le langage du regard, du geste, et même du silence : avec tous ces avantages, je ne sais pas comment il se fait que, dans ma vie, j'aie été la dupe de tous ceux qui ont eu le plus léger intérêt à me tromper; qu'en courant, même avec des boiteux, je sois toujours arrivé le dernier au but; et que, la sonde à la main, j'aie heurté ma barque contre tous les écueils que j'avais signalés. En serait-il du talent de l'observateur comme d'une montre à répétition appartenant à un sourd, et qu'il fait sonner dans l'obscurité? Elle indique l'heure à tout le monde, excepté au propriétaire. Quoi qu'il en soit du peu de profit que j'en ai tiré, toujours est-il vrai qu'à force de regarder j'ai appris à voir, et que j'en suis venu au point de reconnaître, à la contenance, à la démarche d'un passant, sa profession, ses habitudes, et même son caractère.

La plupart des hommes (les femmes n'y sont pas aussi généralement comprises) ont le cœur opaque et le maintien transparent. *Parlez, pour que je vous voie*, disait Adisson; moi, je dirais volontiers : *Marchez, pour que je vous entende.*

Il y a dans l'habitude du corps en mouvement je ne sais quoi qui décèle le caractère.

Dernièrement, je m'étais arrêté un matin, sur le quai Voltaire, à feuilleter des bouquins exposés le long du parapet. Après m'être assuré qu'il n'y avait là que des livres dignes d'y figurer, au lieu de regarder couler l'eau, comme plusieurs autres désœuvrés, mes confrères, je m'avisai d'examiner les *passans*, et de m'imposer la tâche de deviner, à son allure, ce que chacun devait être. S'il y avait un moyen de vérifier mes remarques, j'offrirais de parier que j'ai le plus souvent rencontré juste.

Je vis arriver de loin un homme d'une soixantaine d'années, vêtu d'un habit neuf qui paraissait cependant avoir été fait pour un autre âge : il marchait avec une prépondérance dont il paraissait se savoir très-bon gré. A chaque pas qu'il faisait, il enflait ses joues au moyen d'une quantité d'air qu'il aspirait, et qu'il rendait ensuite par une expiration longue et bruyante. Cet homme, en marchant sur le trottoir, avait l'air étonné de ne s'y pas trouver seul ; et le froncement de ses sourcils, le hochement de sa tête, chaque fois qu'on le coudoyait, témoignaient un mécontentement tempéré par le dédain, dont il était impossible de ne pas rire, pour peu qu'on en pénétrât la cause. Cet homme, me disais-je, a été fort riche; il a recouvré depuis peu une petite partie de sa fortune; il use son ancienne garderobe: il avait contracté l'habitude d'aller à pied; mais il vient de se ressouvenir qu'il allait autrefois en voiture. Son père était au moins secrétaire du Roi; lui-même avait un emploi considérable dans *les aides;* et, sans la révolution, il serait aujourd'hui fermier-général.

Cet autre, un peu moins âgé, plus chaudement qu'élégamment vêtu, qui marche les yeux en terre, en formant par intervalles des tems d'arrêt, est nécessairement occupé de quelqu'affaire importante. Il marmote entre ses dents; il porte fréquemment la main sur une liasse de papier jaunâtre enfermée sous sa veste, et dont l'extrémité de quelques feuilles se confond avec son jabot de même couleur: c'est d'un procès qu'il s'agit. Il repousse avec dureté les pauvres qui lui demandent l'aumône, et je remarque que les enfans de cette classe excitent plus particulièrement son impatience et son humeur : cet homme doit être un célibataire qui plaide contre des mineurs qu'il a l'espoir légal de dépouiller, au moyen des vieilles paperasses qu'il porte à son procureur.

Ce jeune homme qui vient du même côté, et dont l'air abattu laisse percer je ne sais quelle satisfaction, dont la toilette du soir est un peu fanée ce matin, ne serait-il pas le maître de ce cabriolet arrêté depuis une heure, à l'extrémité du Pont-Royal ? A chaque pas, il tourne la tête, et ses yeux se dirigent vers une croisée entr'ouverte où je ne distingue, avec mes lunettes, qu'un bout de schall, que le vent n'agiterait pas si vîte. Le schall a disparu, le jeune homme marche moins lentement et ne se retourne plus : il passe près de moi; je soupire, en jetant un regard vers la fenêtre, et je vois le moment où il va me demander de quel droit je soupire, et pourquoi je regarde de ce côté : mon âge répond pour moi. Il continue son chemin en souriant, et monte dans son cabriolet, moins lestement qu'il n'en était probablement descendu. Je sais qui il est, d'où il vient.... ; mais, ne craignez rien, je ne le dirai pas.

De l'autre côté du quai, rasant les boutiques, j'observe une jeune femme enveloppée dans une pelisse de forme polonaise. Une chaînette d'or, passée à son bras, soutient une *aumônière* en cuir de Russie, qui paraît bien pesante. Déjà je m'intéresse à cette dame : je veux la voir de plus près; je traverse le quai. Sa démarche est vive, son œil fixe est animé d'une expression singulière où dominent le courage et l'espoir. Deux hommes à cheval ont passé près d'elle; la vue de leur uniforme l'a fait pâlir : elle ouvre une petite montre qu'elle porte à son cou et précipite sa marche..... Où va-t-elle ? c'est encore une de ces découvertes dont je ne ferai point part à mes lecteurs.

Je reviens à mon poste près du parapet. Quel peut être cet homme long et mince qui marche avec un parapluie ouvert, deux heures après qu'il a cessé de pleuvoir ? Sa cravate de couleur est nouée avec bien de la négligence, sa veste est boutonnée de travers; il agite orgueilleusement sa tête, sous le dôme de son vaste parapluie, sans s'apercevoir qu'il accroche tous ceux qui passent, et qui le donnent au diable, de grand cœur. Tantôt il mord sa lèvre inférieure, en élevant les yeux par un mouvement oblique; tantôt il sourit à sa pensée; puis tout-à-coup il s'arrête, tire ses tablettes de sa poche, écrit quelques mots, et se remet en marche, dans une direction contraire à celle qu'il suivait. Tout le monde va croire que c'est un fou, peut-être même un poète; j'ai observé les mouvemens de ses doigts, je ne m'y méprends pas : c'est un mathématicien.

En faisant son évolution, le géomètre a fait tomber le chapeau d'un homme un peu violent de son naturel, à en juger par la promptitude avec laquelle il arrache le parapluie de la main de l'Archimède, et le fait voler par-dessus le parapet. Celui-ci le regarde avec plus d'étonnement que de courroux, et, sans dire un mot, gagne l'escalier qui conduit au bord de la rivière, où son parapluie s'était arrêté; l'autre reprend son chapeau des mains d'un petit savoyard qui le lui rapporte, et auquel il donne une pièce de vingt sous pour sa peine. J'avais eu le tems de l'examiner : il était vêtu d'une redingote bleue, croisée sur la poitrine de droite à gauche; la barbe de sa lèvre supérieure paraissait rasée de plus près que le reste, et, cependant, par une espèce de mouvement involontaire, il y portait fréquemment le pouce et l'index, comme s'il eût voulu tortiller quelque chose. Cet homme, d'une belle taille, d'une figure sévère, et *même un peu farouche*, avait dans le maintien je ne sais quelle confiance, qui me parut tenir à l'habitude du commandement. Je ne dirai pas précisément quel est son grade, mais je suis suis sûr de ne pas me tromper sur son état.

En le suivant des yeux avec un intérêt dont il n'est que l'occasion, mes regards tombent sur une jeune personne qui ne se fie probablement pas à la profondeur d'une capote de velours pour cacher ses traits, car elle tient sur sa bouche un mouchoir de batiste brodé, qui achève de voiler sa figure. Sa démarche légère a quelque chose d'incertain : elle précipite, elle ralentit ses pas; quelquefois elle paraît vouloir s'arrêter : elle lève les yeux et aperçoit de fort loin (autant que j'en ai pu juger ensuite) une personne qu'elle n'avait probablement pas l'intention de rencontrer ; car elle saute plutôt qu'elle ne descend du trottoir, et va se placer, de l'autre côté, dans un groupe de gens assemblés devant l'étalage d'un marchand d'estampes. Je l'aperçois encore ; elle suit d'un regard furtif l'objet qui l'effraie, et qui me paraît, à moi, l'homme du monde, sinon le plus agréable, du moins le plus joufflu, le plus frais et le mieux poudré. J'ai vu le tems où j'aurais entendu finesse à cette cachotterie; mais il faudrait aller si loin chercher mes souvenirs, que je crains de mettre ma mémoire à cette pénible épreuve.

Je voyais, depuis un quart d'heure, un homme assez mal vêtu rôder le long du parapet, s'approcher des gens qui causaient ensemble, en portant les yeux du côté opposé à celui où il avait l'oreille, passer alternativement d'un bord du quai à l'autre, relire un petit papier qu'il avait à la main, chaque fois qu'il regardait un homme au visage. Je ne fus pas étonné de le perdre de vue, au moment où il tournait le coin de la rue des Saints-Pères.

Ce grand garçon, en habit bleu-barbeau, dont la brosse a usé le tissu, qui marche du train d'un homme qui craint d'arriver, qui va quêtant, à droite et à gauche, des sujets de distraction, qui tire, par intervalle, sa montre d'argent, pour s'assurer combien il a encore de minutes à perdre, est un commis subalterne de quelque administration sur l'autre rive de la Seine. Pour peu que l'on me pressât, je nommerais l'administration, et même le bureau où il travaille.

Celui-ci est plus pressé; il a pris le milieu du pavé, pour n'être pas retardé par la foule qui se presse sur le trottoir. Un de ses amis le rencontre, veut l'arrêter; il lui prend la main, et s'échappe en répétant ces mots : *A ce soir.* Avant d'entrer dans une grande maison, vers laquelle il se dirige à pas précipités, je le vois ouvrir un portefeuille dont il tire plusieurs morceaux de papier taillé sur le même modèle. Ce jeune homme est un agent-de-change qui court, depuis sept heures du matin, chez des banquiers, pour prendre ou offrir du papier sur Londres ou sur Hambourg.

Deux hommes marchent ensemble, en se tenant par le bras; leur figure me déplaît. L'un s'agite beaucoup en parlant très-bas à l'oreille de son compagnon qui l'écoute attentivement, et ne lui répond que par des secousses de tête, qu'il accélère à mesure que l'autre s'échauffe davantage. Il m'est démontré que ces deux hommes, liés d'intérêt sans être amis, avisent au moyen d'en tromper un troisième. Il s'agit d'une place lucrative que celui-ci possède, que veut avoir celui qui gesticule, et dont il partagerait les bénéfices avec son silencieux interlocuteur, à condition que ce dernier ferait les frais du cautionnement. A certain jeu de physionomie, à certain sourire d'une expression diabolique, dont leur figure s'est enlaidie, je ne suis pas éloigné de croire qu'ils ont en poche une bonne dénonciation contre le titulaire, et qu'ils la portent en ce moment à son adresse.

Ce gros corps, dont les mains appuyées sur la base de l'estomac font rouler ses deux pouces l'un autour de l'autre; cette tête en boule qui s'appuie sur une épaule; ce regard incertain, où l'impudence se cache sous une feinte modestie ; cet air, que l'on voudrait rendre méditatif et qui n'est que sournois, ce maintien dont l'apparente *quiétude* laisse percer une agitation secrète, à qui tout cela peut-il appartenir ?.... Je consulterai mon *Lavater*.

Je me trouve dans la même incertitude, à la vue d'un homme à figure maigre et blafarde, vêtu d'un habit dont l'étoffe nouvelle est coupée dans la forme antique. Sa tête, coiffée d'un chapeau à trois cornes, est beaucoup trop petite pour son corps, et son corps infiniment trop gros pour les jambes fluettes qui lui servent de base. Ce personnage dégingandé tenait en main un écrit qu'il avait l'air d'apprendre par cœur, en même tems qu'il en déchirait un autre. J'ai recueilli quelques petits fragmens de ce dernier; mais, faute de liaisons, je n'ai pu y rien comprendre. Cet homme, qui suait la sottise et la vanité par tous les pores, ne rendait le salut à personne; mais, en revanche, je le voyais se courber jusqu'à terre devant un carrosse vide, derrière lequel il y avait trois laquais. Pour cette fois, ma pénétration est tout-à-fait en défaut. Après y avoir bien réfléchi, je ne vois pas à quoi l'on pourrait reconnaître un homme qui ne paraît être ni de son siècle, ni de son pays.

Je terminerai par une observation générale, où l'on pourrait trouver la source d'un fort long commentaire.

En marchant, les gens qui pensent au passé regardent à terre; les gens qui pensent à l'avenir regardent au ciel; les gens qui pensent au présent regardent devant eux; les gens qui regardent de côté et d'autre ne pensent à rien.

N° XXVII. — 28 *décembre* 1815.

DICTIONNAIRE

DES GENS DU GRAND MONDE.

Parlons des maux sans fin qu'un sens pris de travers,
Source de toute erreur, sème dans l'univers.

BOIL., sat. 12.

Le meilleur ouvrage que l'on pût faire sur la morale et sur la politique serait un Dictionnaire où l'on assignerait irrévocablement la valeur des mots que chacune de ces deux sciences emploie. Tous les vices, toutes les erreurs, tous les crimes, toutes les sottises dont la morale et la politique ont à gémir, ne sont, à bien prendre, que de fausses applications de termes mal définis. Supposons, par exemple, que depuis la première guerre punique jusqu'à nos jours, les mots d'*alliance*, de *traité*, de *serment*, de *convention*, de *balance politique*, de *limites naturelles*, n'eussent jamais eu qu'une seule et même signification; que cette signification, claire, précise, invariable, n'eût été susceptible d'aucune interprétation équivoque, d'aucune acception étrangère à sa définition primitive : que de guerres évitées! que de trahisons prévenues! que de conquêtes, de spoliations, de honte et de sang épargnés! Le royaume des Lombards n'eût pas été détruit, et Carthage subsisterait peut-être encore. *

On conçoit, jusqu'à un certain point, cette obscurité du langage politique : les cabinets, toujours prêts à se tromper entr'eux, n'ont pas besoin de s'entendre, et ils ont encore moins besoin d'être entendus des peuples; mais la morale est à l'usage de tout le monde : elle est également nécessaire aux individus, aux nations et à ceux qui les gouvernent; il semble donc que tous les mots de cette science devraient avoir pour ainsi dire une valeur numérique, et que les substantifs *amitié, conscience, vice, vertu,* devraient porter à l'esprit des idées aussi claires

* On sait que les Romains, abusant de la double signification des mots *urbs* et *civitas*, détruisirent Carthage de fond en comble, sous prétexte qu'ils avaient promis de conserver la *cité*, mais non pas la *ville*.

que les chiffres 1, 2, 3 et 4, sur l'expression desquels on ne varie jamais : il n'en est cependant pas ainsi; d'une année, d'une maison, d'une personne à l'autre, ces termes changent d'acception, et quelquefois expriment des idées tout-à-fait contraires. C'est principalement dans cette partie de la société que l'on appelle ou plutôt qui s'appelle elle-même *le grand monde*, que ces aberrations du langage sont les plus fréquentes et les plus étranges. Elles ont dû me frapper plus vivement qu'un autre, moi qu'un long séjour au milieu des peuples sauvages a privé de ce tact délicat, de ce sentiment des convenances qui modifient l'expression dans le langage, comme les signes à la clé modifient, en musique, l'accent et l'accord de la note. Je me suis bientôt aperçu que je ne savais pas la langue du monde où je vivais; et comme je suis dans l'âge où l'on ne peut plus avoir de maître que soi-même, j'ai pris le parti, pour refaire mon éducation, de composer un Dictionnaire à mon usage, auquel je puisse avoir recours au besoin. J'en vais citer quelques fragmens, où l'on trouvera la preuve que l'on peut fort bien entendre une langue que l'on ne parle pas.

« AME. — Principe de la vie. On l'a crue long-tems immortelle; on commence à en douter depuis que Cabanis a découvert l'immortalité des corps. Il y a de *bonnes ames* qui font tout le mal possible ; de *grandes ames* qui ne s'élèvent pas tout-à-fait à la hauteur de l'oubli d'une injure ; des *ames étroites*, où il n'y a place que pour soi ; des *ames vénales*, des *ames de boue*, qui sont presque toujours des *ames damnées*. Quelques philosophes soutiennent encore qu'il n'y a ponit *d'ame ;* la meilleure preuve qu'ils en donnent, c'est qu'ils n'en ont pas. — *Ame*, dans ce sens, voyez *Matière*.

» AMOUR. — Substantif des deux genres : échange de deux fantaisies; privilége pour toutes les folies que l'on peut faire, pour toutes les sottises que l'on peut dire. On a de l'amour pour les fleurs, pour les oiseaux, pour la danse, pour son amant, quelquefois même pour son mari; jadis on languissait, on brûlait, on mourait d'amour; aujourd'hui on en parle, on en jase, on le fait, et le plus souvent on l'achète.

Voyez *Entraînement*, *désir*, *caprice*, *passade*, *surprise*.

» BONTÉ. — Disposition d'un esprit débile,

insignifiant, d'un caractère faible : *vous avez bien de la bonté, vous avez trop de bonté ;* en d'autres mots, vous êtes un niais, une dupe, un imbécille.

» Au singulier, ce mot se prend quelquefois en bonne part ; et, dans ce sens abstrait, la bonté est une vertu, mais ce n'est jamais par vertu qu'une femme *a des bontés* pour quelqu'un.

» Conquête. — Action par laquelle on s'empare glorieusement du bien d'autrui : on *fait la conquête* d'un royaume, d'une province, d'une femme ; on ne dit pas encore *faire la conquête d'une diligence.*

» Esprit. — Il y en a d'une infinité d'espèces ; le plus commun est aujourd'hui l'opposé du bon sens. Depuis qu'on fait à certaines gens des réputations d'esprit, personne n'en veut plus avoir. Cette capitale possède plusieurs fabriques d'esprit, où l'on emploie, comme dans les autres, forces machines : les unes travaillent en vers, les autres en prose ; les plus productives sont celles qui servent à la confection des journaux. Quand on vous a cité un homme d'esprit, il est encore tems de demander si c'est un sot. On s'entend plus vîte quand il est question de l'esprit des femmes : l'esprit, chez elles, suppose presque toujours du goût, de la finesse et de la mesure.

» FEMME. — La femelle de l'homme dans l'ordre de la nature, et quelquefois le mâle dans l'ordre de la société. Il n'y a pas de pays où l'on pense plus de bien des femmes, et où l'on en dise plus de mal qu'en France : il est vrai qu'il n'y a pas de pays où l'on puisse trouver plus d'exemples pour justifier les éloges des uns et les satires des autres. Quand le mot femme signifie *épouse*, il est toujours précédé d'un pronom possessif. Les paysans seuls ont la bonne foi de dire *notre femme*. — Il y a des vieilles femmes des deux sexes.

» FILLES. — Par un raffinement de corruption, ou (pour parler le langage du *monde*) par un raffinement de politesse, ce mot fille signifie, *ad libitum*, ce qu'il y a de plus pur, ce qu'il y a de plus doux, ce qu'il y a de plus bas, ce qu'il y a de plus vil dans le sexe féminin. *Il est sage et timide comme une* FILLE. — *Il aime tendrement sa* FILLE. — *En quittant l'auberge, il a donné quelque chose à la* FILLE. — *Il a eu l'impudence de se montrer au spectacle avec une* FILLE.

» Cet emploi d'un même mot pour exprimer

des choses si disparates, est-il nécessité par la pauvreté de la langue? Non, car nous avons les mots *vierge*, *servante*, *prostituée*. On en use avec certaines pensées comme avec certains hommes : pour les introduire dans la bonne compagnie, on les habille décemment.

» GLOIRE. — Le mot le plus français et le plus ancien de la langue; on serait néanmoins tenté de croire que beaucoup de gens ne l'entendent plus, à la difficulté avec laquelle ils le prononcent, et aux différens sens qu'ils lui donnent. — *Gloire*, voyez *fortune*, *succès*, *cours de la bourse*, *coalition*, *livres sterling*.

» HONNEUR. — Terme singulièrement *élastique :* il s'étend de la vertu à l'infamie; il signifie tout et ne signifie rien. *On sollicite l'honneur de mourir pour son pays; on a eu l'honneur de tuer son meilleur ami en duel; on tient à honneur de compter parmi ses aïeux un confesseur de Louis XI, une maîtresse de François Ier, et un favori de Henri III. — On a l'honneur de saluer un faquin, de faire une observation à un sot, d'écrire à un malotru;* et quand on ne sait plus que dire, *on a l'honneur d'être*.

» L'honneur est un mot sans pluriel; car il

faut bien se garder de le confondre avec les *honneurs,* qui signifient toute autre chose. Tel a beaucoup d'*honneurs* qui n'a pas du tout d'*honneur.*

» L'honneur des hommes et celui des femmes sont deux plantes d'espèces tout-à-fait différentes : l'une croît au soleil, l'autre ne fleurit qu'à l'ombre.

» Nature. — Le mot à la mode par excellence. C'est bien celui-là qui *en dit plus qu'il n'est gros :* il s'applique à tout, il répond à tout, il explique tout et tient lieu de tout ; chacun le définit à sa manière : c'est une cause, c'est un effet, c'est un lieu, c'est une situation, c'est un bien, c'est un mal, c'est un instinct, un devoir, un sentiment ; le plus souvent c'est une absurdité.

» Tel philosophe descend de la chaire où il vient de prêcher *la nature,* pour aller mettre ses enfans à l'hôpital ; tel autre se ravale au-dessous de la *nature* pour nous prouver qu'il n'y a rien au-dessus. Celui-ci se fait centre de la *nature ;* celui-là prétend qu'il en est le terme. — Les femmes du grand monde sont tellement enthousiastes des beautés *de la nature,* qu'elles ne leur préfèrent que le bal masqué, le mélodrame et l'opéra. — C'est sur-tout dans les arts que brille la *nature* : un peintre, un sculpteur vous dit que ses figures sont *nature;* les poètes invoquent à tout moment *la nature;* les moralistes, les physiciens ne sortent pas de *la nature*, et chacun sait que les médecins et les acteurs sont presque toujours *à côté de la nature*.

» PATRIE. — Le lieu où l'on est né pour les grammairiens : le lieu où l'on est *bien* pour les 99 centièmes des hommes; la passion dominante de quelques pauvres diables dont on se moque dans le monde en les appelant les *oies du Capitole*. Il existe un peuple sur la terre chez qui l'*amour de la patrie* est synonyme de *fléau de l'humanité*.

» PRÉJUGÉ. — S'entend d'une manière différente, suivant qu'il s'applique aux hommes ou aux femmes. *Un homme à préjugés* est un homme armé de vieilles opinions qu'il oppose sans examen à des vérités nouvelles. *Une femme à préjugés* est presque toujours une femme attachée à ses devoirs. — Il y a des préjugés appuyés sur des vertus; les gens qui les attaquent ne tirent pas toujours juste. Il faut l'adresse et le coup-d'œil de Guillaume Tell pour enlever la pomme sans toucher l'enfant.

» PRÉTENTIONS. — Le plus innocent des mensonges, parce qu'il n'en impose à personne ; le plus dangereux des témoins, parce qu'il dépose toujours contre la personne en faveur de laquelle il parle. Les prétentions à la jeunesse donnent toujours à une femme quelques années de plus qu'elle n'en a. Valsain n'était qu'un homme ignorant; ses prétentions à l'esprit en ont fait un sot. Les prétentions à la naissance sont les plus ridicules, et pourtant les plus modestes de toutes.

» RIDICULE. — Ce n'est pas un défaut; ce n'est pas un vice ; ce n'est pas un crime : c'est bien pis.

» SENTIMENT. — Affection nervale. — *Madame telle a un sentiment.* Ne vous découragez pas; on peut changer de *sentiment;* on peut même en avoir plusieurs à-la-fois. Il y a des femmes qui sont tout *sentiment:* comment se fait-il que les femmes à *sentiment* n'aiment pas les hommes à *sentiment?* C'est que le sentiment, chez les hommes, n'a pas le même siége, le même empire, la même expression.

» TALENT. — Voyez *intrigue*. — Quand une femme vous dit qu'un homme a *de grands talens*, il est toujours malhonnête de rire.

» VALEUR. — Dans les revers, les poltrons l'appellent *témérité*, *extravagance* : Montaigne n'était pas de cet avis : *Le vrai vaincre*, dit-il, *a pour son rôle le choc, et non pas le salut, et consiste l'honneur de la vertu à combattre, non à battre.*

» VÉRITÉ. — Vieux mot exprimant une chose toute nouvelle. — Antoine Perez disait que *c'était pour savoir la vérité que les rois entretenaient des fous auprès d'eux* : depuis long-tems ils ne sont plus entourés que par des sages. — *Vous avez pour vous la force ; j'ai pour moi la vérité : la lutte peut être longue, mais la victoire me restera. La violence est passagère, la vérité est éternelle.* N'est-ce pas Massillon qui a dit cela ?

» VIE. — Grammaticalement parlant, jamais on n'a tant *abusé de la vie*. C'est *après la nature* le mot dont nos poètes, et sur-tout nos romanciers, font le plus d'usage : l'amour même a perdu de son crédit ; ce n'est plus qu'*une vie dans la vie*. Je m'informe de la santé d'une jolie femme ; elle me répond qu'*elle porte légèrement la vie*.

Un bon bourgeois, à qui je demande si sa femme est accouchée, me dit que depuis huit jours *son enfant essaie la vie*. Je parle du prix du tems à un jeune homme dissipé; il convient avec moi qu'*il éparpille sa vie*. Une femme à sentiment, pour me donner une idée de l'état de son ame, me dit qu'*elle se balance sur la vie entre le passé qu'elle regrette et l'avenir qu'elle craint*. Pour moi, sans être attaqué du spleen, je déclare *que je suis las de la vie;* je n'y entends plus rien, depuis qu'on la place dans le discours comme on la reçoit et comme on la donne, sans savoir ce qu'on fait. »

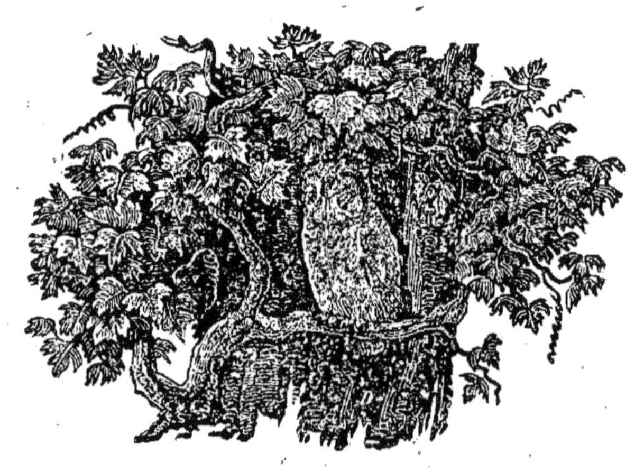

N° XXVIII. — *4 janvier* 1816.

DEUX VISITES DU JOUR DE L'AN.

—

— Rectam in melius
Vertite mentem. —

SÉNÈQUE.

« Rentrons dans la route de la nature et de la vérité. »

CELUI qui se charge de peindre les mœurs de son siècle et de son pays a beau répéter, comme La Bruyère, qu'il fait des tableaux et non pas des portraits, c'est toujours parmi les peintres de cette dernière classe qu'on s'obstine à le ranger. Au lieu de s'attacher à l'ensemble de sa composition, à la vérité des attitudes, à la franchise de l'expression, à l'exactitude plus ou moins rigoureuse du costume, on s'amuse à rechercher dans ses figures les traits épars des originaux qui ont pu lui servir de modèles, et, donnant un nom propre à chacun des vices, des défauts ou des ridicules dont il trace l'image, on fait d'une critique générale une satire personnelle, et l'on ameute contre l'observateur tout ceux à qui l'on fait, ou qui se font à eux-mêmes l'application directe de sa censure. Cette tourbe de sots et de méchans (dont chacun en particulier craindrait de se faire reconnaître par ses plaintes) nomme d'office (parmi ce qu'il y a de plus diffamé dans la bande) des mandataires chargés de défendre, *per fas et ne fas*, tous les vices, tous les abus, tous les préjugés, toutes les sottises qu'ils représentent. Un des moyens les plus innocens que ces enfans perdus emploient contre l'écrivain qui les voue eux et leurs commettans à l'opprobre ou au ridicule, c'est de se retrancher dans quelque asile respectable, et d'accuser ensuite la direction du trait qui vient les y poursuivre; semblables à ces malfaiteurs qui se réfugient dans les églises, et crient ensuite au sacrilége contre la justice dont le bras les saisit au pied des autels.

C'est ordinairement derrière leur politique que ces gens-là cherchent à cacher leurs mœurs. Dernièrement j'entendais, en traversant une antichambre, l'un des coryphées de la secte se récrier, d'une voix de capucin, contre mon prédécesseur, le bon et le loyal *M. Guillaume*, et lui reprocher, entre autres délits de même espèce, d'avoir fait, il y a quelques mois, une peinture du *Café Montansier*. « Ce n'est pas le tout, lui dis-je avec un peu d'humeur, d'endoctriner en style convenable les laquais qui vous écoutent ou qui vous lisent : il faut un peu de bon sens, mon cher Monsieur, pour accréditer la calomnie, même parmi la livrée. Celui dont je continue la tâche avait à peindre les mœurs françaises à une époque donnée; il n'était pas plus le maître que je ne le suis moi-même de choisir ses sujets, de dénaturer les événemens, ou de passer sous silence des faits de notoriété publique, qui entraient pour ainsi dire de force dans le cadre qu'il avait à remplir. Mon prédécesseur à dû parler du *Café Montansier* et des *orgies* que l'on y célébrait, par cela même que ces orgies, nées des circonstances, pouvaient servir à les peindre. Quant aux couleurs adoucies qu'il a cru devoir employer dans un pareil tableau, ce n'est pas devant des gens de votre espèce qu'il faut justifier les concessions que l'autorité, la politique ou même l'opinion peuvent exiger de la morale la plus sévère. » Cela dit, je continuai mon chemin, et j'entrai chez l'homme en place à qui j'avais affaire. Le motif qui m'y conduisait pourra quelque jour me fournir le texte d'un discours sur les *importunités*. Je me borne aujourd'hui à retracer des scènes d'intérieur.

J'étais arrivé en France, convaincu qu'il ne m'y restait plus de parens, et que je pouvais en toute liberté de conscience disposer, par testament, du peu que je possède, en faveur de ma vieille gouvernante et de mon fidèle Zaméo. Le jour de l'an vient de me révéler l'existence de je ne sais combien de cousins et de cousines, de la parenté desquels je n'ai guère d'autre garant que leur parole ou leur carte de visite. Si ces preuves-là ne suffisent pas pour leur assurer mon héritage, du moins exigeaient-elles de ma part un échange de politesses auxquelles je me suis soumis de bonne grâce.

Au nombre des visites de jour de l'an que j'ai reçues et rendues dans le délai voulu par l'étiquette, il en est deux que j'ai plus particulièrement notées sur mes tablettes, comme véritables types de l'usage considéré dans sa naïveté primitive et dans ses abus progressifs. La visite qui m'avait été le plus agréable est celle que je rendis la première.

Il était huit heures du soir lorsque j'arrivai chez M. Dorier, l'un des négocians les plus riches et les mieux famés de cette ville. Une partie de la famille était réunie au salon autour des grands parens qui en faisaient les honneurs. Après les salutations et les souhaits d'usage, qui furent reçus avec une bienveillance affectueuse, je m'informai des enfans, à qui j'avais mes petits cadeaux à distribuer, et que j'étais surpris de ne pas voir autour de leur mère, dans un jour de fête qui leur est particulièrement consacré. « Ils sont en prison, me dit en riant madame Dorier, jusqu'au moment *de la surprise*. » Je demandai (en homme qui a depuis long-tems perdu de vue son pays et son enfance) de quelle surprise il s'agissait. Pour toute réponse, cette dame me fit passer dans une pièce voisine : on y avait dressé une grande table, sur laquelle étaient établies les étrennes de la petite famille. Chaque lot était composé d'objets analogues au sexe, à l'âge, aux inclinations de l'enfant auquel il était destiné, et dont il portait le nom. C'est ainsi qu'une belle boîte à couleur, un chevalet, des pinceaux et tous les attributs de la peinture, marquaient la place de l'aîné des garçons, qui se distingue déjà dans cet art par un goût très-vif et un talent très-précoce. Cette salle des étrennes était éclairée par des arbustes verts, aux rameaux desquels étaient suspendus des verres de couleur.

Toutes les dispositions faites, à un signal donné en musique, la chambre où les enfans étaient enfermés s'ouvrit, et ils se précipitèrent dans le salon. Ils avaient d'abord voulu mettre de l'ordre dans leur empressement; mais, en un moment, toutes les règles furent oubliées, et ce fut à qui se jetterait le premier dans les bras de son père et de sa mère. Quand on commença de part et d'autre à se reconnaître, chacun à son tour débita son compliment et présenta son petit chef-d'œuvre, à l'aiguille, à la plume, au crayon ou au pinceau.

Il était aisé de voir que les éloges que l'on prodiguait aux jeunes auteurs n'étaient pas ce dont ils étaient le plus avides. Les deux battans de la porte de la salle aux étrennes s'ouvrirent avec fracas : on peut se faire une idée de l'enchantement de la petite famille. Quelle joie!

quelle ivresse ! Chacun a reconnu son lot et sa place. Edmond embouche sa flûte de cristal, Victor fait sonner sa montre à répétition, Virginie s'est drapée de son schall, et Laurette, armée de son porte-crayon d'or, esquisse déjà le portrait de sa sœur dans un superbe *album* où elle exige que chacun des assistans dépose un souvenir. Ce fut de toute la franchise de mon cœur que je félicitai M. et Mme Dorier, en les quittant, sur le bonheur domestique qu'ils avaient su se créer, et dont ils me paraissaient si dignes de jouir.

C'était, sans doute, pour m'offrir l'occasion d'apprécier encore mieux ce genre de bonheur que le hasard me conduisit, en sortant de chez *mon cousin* Dorier, chez *mon cousin* de la Verberie, lequel demeure rue de la Ville-l'Evêque, dans une vieille maison qu'il est bien le maître d'appeler son hôtel, comme il appelle sa ferme son château. Ce ne fut pas sans me disputer avec le portier, et sans me prévaloir de ma qualité de parent, que je fus admis aux honneurs de la visite personnelle.

Mme de la Verberie, à laquelle son mari me présenta de la manière la plus solennelle, me reçut on ne peut plus lestement, et, pour toute réponse au compliment que je lui adressai, elle me dit « qu'elle m'aurait à mon âge seul reconnu pour le parent de son mari. » On ne riait pas assez de cette impertinence; je la relevai de manière à la mettre à la portée de tout le monde. Pour en sentir tout le sel, il faut savoir que cette dame, qui n'a guère plus de quarante ans, a épousé l'année dernière, en secondes noces, M. de la Verberie, qui en a pour le moins cinquante-cinq, et qu'elle se croit obligée de rappeler sans cesse cette disproportion d'âge que beaucoup de gens ne remarqueraient pas.

Mme de la Verberie a deux prétentions (pour ne pas dire deux ridicules), celle d'une jeunesse de quarante ans, et d'une noblesse dont l'origine remonte à une charge de trésorier de France, que son père avait achetée en 1788. Son mari est un homme que la nature avait créé pour vivre célibataire, et qui s'est marié deux fois par distraction. Il a une femme sans avoir de ménage, et des enfans sans avoir de famille. La manie de M. de la Verberie (une des plus singulières qui puissent affliger un cerveau humain) est de croire à la possibilité de rétablir la chevalerie, et d'en faire revivre les mœurs. C'est la pensée et l'occupation de sa vie entière, et il ne se passe pas de semaine qu'il n'adresse à quelque souverain de l'Europe un extrait du mémoire *in-folio* qu'il a composé sur ce sujet.

Ce paladin arriéré a deux enfans du premier lit, Gaston et Mathilde : le premier est un petit philosophe de vingt-deux ans, élevé dans une université d'Allemagne, où il a été imbu de la doctrine de Kant, dont il est, à Paris, un des plus zélés prosélytes. Il s'occupe en ce moment d'y former une *société des Amis de la Vertu*, à l'instar de celle de Berlin.

Mademoiselle Mathilde n'a pas encore dix-huit ans, et elle est dévote, mais dévote de cette dévotion qui fait prendre en aversion et regarder avec mépris toutes les choses et toutes les personnes d'ici-bas. On n'aura pas de peine à croire qu'une famille ainsi composée n'ait dû m'offrir un contraste frappant avec celle que je quittais.

La maîtresse de la maison avait exposé sur une table ronde, au milieu du salon, les étrennes qu'elle avait reçues, parmi lesquelles on remarquait une *aumônière*, où se trouvaient brodées en chenilles les *armes accouplées* de Monsieur et de Madame. Son mari, en lui présentant ce petit cadeau, n'avait pas oublié de lui dire que la mode de cette espèce de poche était renouvelée du douzième siècle, et qu'elle indiquait dans nos mœurs un changement dont on lui serait en grande partie redevable. Je me récriai sur le travail des armoiries, en homme versé dans l'art héraldique, et je vis sourire plusieurs personnes de la société, lorsque je fis remarquer dans l'écusson de ma cousine une *croix de gueule*, qui attestait que la noblesse de son origine remontait au tems de la première croisade.

L'examen de toutes ces dispendieuses bagatelles, sorties des magasins du Petit-Dunkerque et du Palais-Royal, tenait lieu de contenance et de conversation à des parens qui se connaissaient à peine, et qui se quittaient bien résolus de ne se revoir que l'année prochaine à pareil jour. La forme des cartes de visite dont la cheminée était couverte fournit ensuite matière à des réflexions non moins intéressantes. Dans une petite discussion qui s'ouvrit à ce sujet, un homme, qui me parut être l'oracle du salon de madame de la Verberie, décida que les cartes *imprimées* indiquaient des gens du petit commerce, que les cartes *à vignettes* ne pouvaient appartenir qu'à des parvenus ou à des étrangers, que les cartes *en couleur* sentaient la province, que les cartes *à la main* étaient du vieux style; enfin, que les cartes de visite, *gravées en écriture courante sur un fond blanc tout uni, avec l'adresse en bas en caractères imperceptibles*, étaient seules avouées par le bon ton et par le bon goût.

Pendant ce grave entretien, je m'étais successivement approché de Mathilde et de son frère, qui s'étaient retirés dans un coin du salon. Quelques momens d'entretien avec l'un et l'autre suffirent pour m'apprendre qu'ils avaient infiniment peu d'estime et encore moins d'amitié pour leur belle-mère, dont ils s'amusaient sans cesse à déjouer les prétentions; que celle-ci n'était jamais en reste de mauvais procédés avec eux; que le chef de la maison, étranger à tous les devoirs, à toutes les affections de famille, vivait chez lui sans autorité, sans considération; indifférent à ses enfans qu'il néglige, à charge à sa femme qu'il ennuie, et, pour le moins, inutile à la société, hors de laquelle il est toujours placé par système.

Mme de la Verberie, qui n'était pas obligée de me tenir compte des observations que je faisais chez elle, me fit très-honnêtement apercevoir de la longueur de ma visite. A mon tour, je trouvai le moyen, sans trop d'impolitesse, de lui faire entendre qu'il était permis, à mon âge, d'être indiscret dans une première visite qu'on n'avait ni l'espoir ni l'envie de renouveler.

FIN DU TOME PREMIER.

TABLE.

FIN DE LA TABLE.

www.ingramcontent.com/pod-product-compliance
Lightning Source LLC
LaVergne TN
LVHW020608110826
845149LV00002B/402

* 9 7 8 2 0 1 2 1 6 0 6 3 7 *